gitarrenschule-roschauer.de

Norbert Roschauer, Jahrgang 1956, studierte Musik an der *Pädagogischen Hochschule Heidelberg*. Er besitzt reiche Live- und Studioerfahrung mit verschiedenen Bands und Formationen unterschiedlicher Stilrichtungen, spielt u.a. Klassik, Fingerpicking und akustische Bluesgitarre. Mit dem *Bad Hersfelder Gitarrenensemble* unternahm er eine Reihe von Konzertreisen im In- und Ausland.

Pädagogische Erfahrungen hat er im Schuldienst sowie an Musikschulen erworben. In Viernheim leitet Norbert Roschauer eine private Gitarrenschule. Er ist Verfasser verschiedener Lehrbücher, u.a. *Garantiert Gitarre lernen für Kinder*, sowie von Spielliteratur zu den Themen Klassik, Akustik Blues, Fingerpicking und Liedbegleitung. Seine Beiträge in Fachzeitschriften erfreuen sich großer Beliebtheit. Darüber hinaus leitete er schon zahlreiche Workshops zum Thema Akustikgitarre.

Garantiert Gitarre lernen für Kinder Band 1
der kinderleichten Gitarrenschule für Kinder ab sechs Jahren
DIN A4 quer | 88 Seiten
ISBN 978-3-933136-29-9

Garantiert Gitarre lernen für Kinder Band 2
der kinderleichten Gitarrenschule für Kinder ab sechs Jahren
DIN A4 quer | 88 Seiten
ISBN 978-3-933136-71-8

Zum Lieferumfang von
**Garantiert Gitarre lernen für Kinder
HEUTE HAU'N WIR IN DIE SAITEN**
gehört eine dem Buch beiliegende **Audio CD** mit Tonaufnahmen von jedem Lied aus diesem Buch! Wer über *keinen* CD-Player verfügt, kann diese Aufnahmen als **mp3-Dateien** *online* auf **www.gitarre-fuer-kinder.de** downloaden.

Alfred Music
LEARN · TEACH · PLAY

© 2019 by **Alfred** Music Publishing GmbH
info@alfredverlag.de
alfredmusic.de | **gitarre-fuer-kinder.de**

Alle Rechte vorbehalten!
Printed in Germany

Art.-Nr.: 20278G (Buch & CD)
ISBN-10: 3-947998-10-4
ISBN-13: 978-3-947998-10-4

Fotos (Inhalt): Andreas Huthansl: S. 5, 21, 31, 43, 65, 71, 98, 104, 108
Notensatz: Matthias Bielecke/Thomas Petzold
Produktionsleitung: Thomas Petzold
Covergestaltung: Thomas Petzold
Layout: Thomas Petzold
Illustrationen: Christine Finn: alle außer:
          Olaf Satzer: Gitarrenmaus
          Felix Küssel: S. 47, 55, 75, 111, 113, 117, 123
          Thomas Petzold: S. 63

Inhalt

Hallo!

Prima, dass du noch mehr Lieder auf der Gitarre spielen willst!

In den beiden Bänden von „GARANTIERT GITARRE LERNEN FÜR KINDER" lernst du viele wichtige Dinge des Gitarrenspiels. Dabei hattest du hoffentlich schon viel Freude am Gitarre spielen. Das soll auch in diesem Buch so sein!

Du kannst dieses Buch parallel zu den beiden ersten Bänden verwenden. Viele wichtige Sachen weißt du bereits. Die Töne in den ersten Bünden der Gitarre und viele Griffe kennst du schon. Im zweiten Band hast du auch Zupfmuster und Rhythmen kennen gelernt. Damit du dich besser zurecht findest, weisen wir bei jedem Lied auf die ersten beiden Bände hin. Aber es gibt natürlich noch eine ganze Menge mehr zu entdecken.

In diesem Buch lernst du viele weitere Lieder kennen. Wenn du gerne Melodien spielst, findest du hier viele Lieder und Stücke für alle Saiten der Gitarre. Wenn du gerne Akkorde spielst, kannst du die meisten Lieder mit Schlagmustern oder Zupfmustern begleiten. Ein paar Quizaufgaben musst du natürlich auch wieder lösen!

Auf der beiliegenden CD kannst du immer hören, wie die Stücke klingen sollen. Du kannst auch gut zur CD mitspielen. Die einzelnen Stimmen sind auf den linken und den rechten Kanal verteilt.

Viel Spaß und viel Erfolg mit dem dritten Band von GARANTIERT GITARRE LERNEN FÜR KINDER!

Liebe Eltern, liebe Lehrer!

Dieses Buch ist die Ergänzung der Bände 1 und 2 von GARANTIERT GITARRE LERNEN FÜR KINDER. Es kann selbstverständlich auch als eigenständiges Spiel- und Songbuch oder aber zu einem anderen Lehrwerk genutzt werden.

Die Notation der Rhythmen und Zupfmuster lehnt sich an die in den Lehrwerken verwendete Schreibweise an.

Anders als bei den ersten beiden Bänden soll dieses Buch nicht von vorne bis hinten durch-gearbeitet werden, auch wenn die Gliederung sich an den Aufbau dieser beiden Bände hält. Es versteht sich eher als Materialsammlung, um noch mehr Lieder und Stücke zum Üben bereit zu stellen. Manchmal benötigt man nämlich zu einzelnen Themen mehr Übestoff: vielleicht möchte man noch mehr Lieder mit einfachen Griffen begleiten, möglicherweise bereitet der Saitenwechsel noch Probleme, oder man möchte einfach noch mehr Lieder spielen, um das Notenlesen zu üben. Man kann also aus den einzelnen Abschnitten das Gewünschte heraus-picken. Die meisten der Lieder und Spielstücke können thematisch mehrfach eingesetzt werden: man kann sich einerseits auf die Melodie beschränken, andererseits kann man sich auch auf die Begleitung konzentrieren. Die Ausführung als Duo- oder Ensemblestück vor allem im Gruppenunterricht ist aber bei den meisten Liedern und Stücken auch möglich.

Dies ist aus den jeweiligen Rhythmus- und Zupfmustervorschlägen ersichtlich. Notenaufgaben, Notenrätsel und Duostücke ergänzen das Material. Weihnachtslieder dürfen in diesem Zusammenhang natürlich ebenfalls nicht fehlen. Der Spaß am Spielen steht selbstverständlich wieder im Vordergrund und die beiliegende CD ist zum Mitspielen geeignet!

ONLINE-HÖRBEISPIELE

www.gitarre-fuer-kinder.de

Lieder mit Tönen auf den hohen Saiten

Die nachfolgenden Liedmelodien werden auf den dünnen Gitarrensaiten gespielt.

Du kannst sie aber auch singen und mit Akkorden rhythmisch begleiten.

*Oder du spielst sie zu zweit mit einer Freundin oder einem Freund zusammen.
Die/der eine übernimmt die Melodie, während die/der andere
dazu die Begleitung mit Akkorden spielt.*

Quiz 1

Bevor es mit den Liedern losgeht, lösen wir erst noch eine Notenaufgabe. Kennst du noch alle Namen der Töne?

Die Notennamen ergeben die gesuchten Wörter. Steht eine Pause in den Noten, befindet sich schon ein Buchstabe in der Lösung.

Viel Spaß beim Lösen der Aufgaben!

Die Lösungen findest du online auf www.gitarre-fuer-kinder.de.

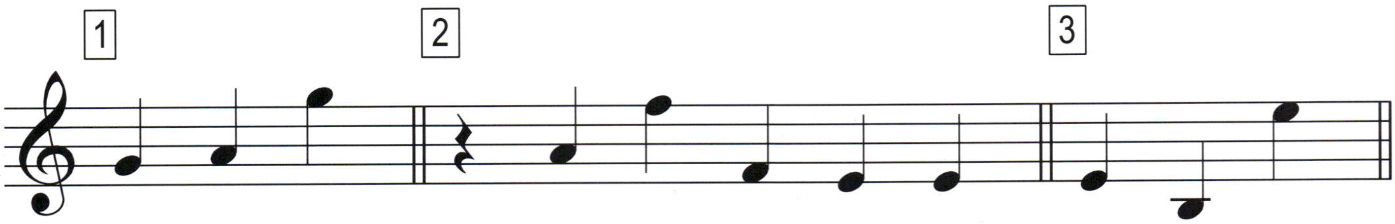

1

2

3

__ __ __ __   K   __ __ __ __ __ __   __ __ __

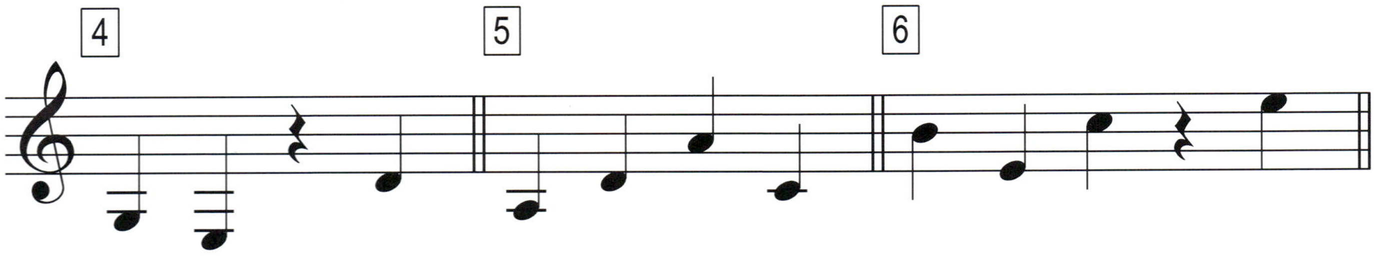

4

5

6

__ __ __   L   __   __ __ __ __ __   __ __ __   K   __

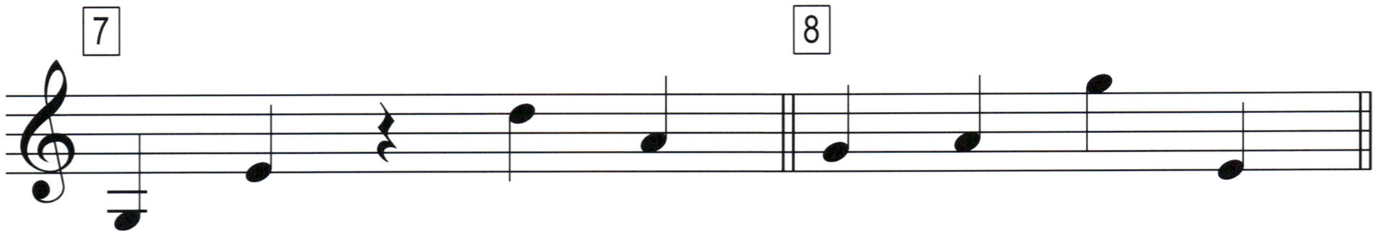

7

8

__   __ __   R   __ __ __ __ __ __ __

1 Witz	2 Heißes Getränk	3 Lebensbund
4 Zahlungsmittel	5 Abk. eines Autofahrervereins	6 Gebüsch
7 Frauenname	8 Lohn des Musikers	

ONLINE-LÖSUNGEN: www.gitarre-fuer-kinder.de

Spielstück
01

Das wilde Tier

Garantiert Gitarre lernen für Kinder
Melodie: Band 1, Seite 54: Das mittlere „a" | **Akkorde:** Band 1, Seite 17: Der einfache C-Akkord

Musik & Text: überliefert

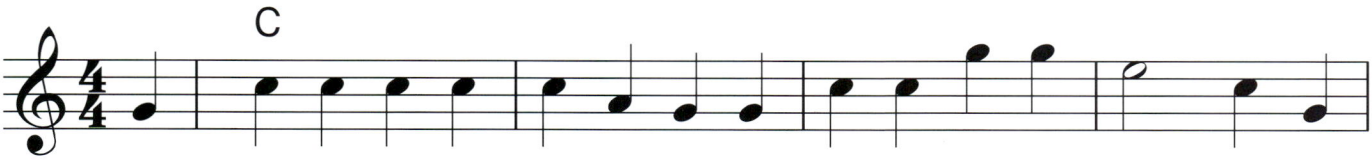

Wir wolln ein-mal spa - zie-ren gehn in un-s'rem schö-nen Gar - ten. Wenn

nur das wil - de Tier nicht käm, wir wolln nicht län - ger war - ten. Um

eins kommt's nicht, um zwei kommt's nicht, um drei kommt's nicht, um vier kommt's nicht, um
fünf kommt's nicht, um sechs kommt's nicht, um sieb'n kommt's nicht, um acht kommt's nicht, ...

elf kommt's nicht, um zwölf, da kommt's!

Strophe

C
Wir wolln einmal spazieren gehn
in uns'rem schönen Garten.
Wenn nur das wilde Tier nicht käm,
wir wolln nicht länger warten.

Refrain

C
Um eins kommt's nicht,
um zwei kommt's nicht,

C
um drei kommt's nicht,
um vier kommt's nicht,
um fünf kommt's nicht,
um sechs kommt's nicht,
um sieben kommt's nicht,
um acht kommt's nicht,
um neun kommt's nicht,
um zehn kommt's nicht,
um elf kommt's nicht,
um zwölf, da kommt's!

Spielstück

02

Schlaf, Kindlein, schlaf!

Alte Volksweise; Musik: überliefert
Text: Johann Friedrich Reichardt (1752–1814)

Garantiert Gitarre lernen für Kinder
Melodie: Band 1, Seite 48: Die halbe Note | **Akkorde:** Band 1, Seite 20: Der einfache G7-Akkord

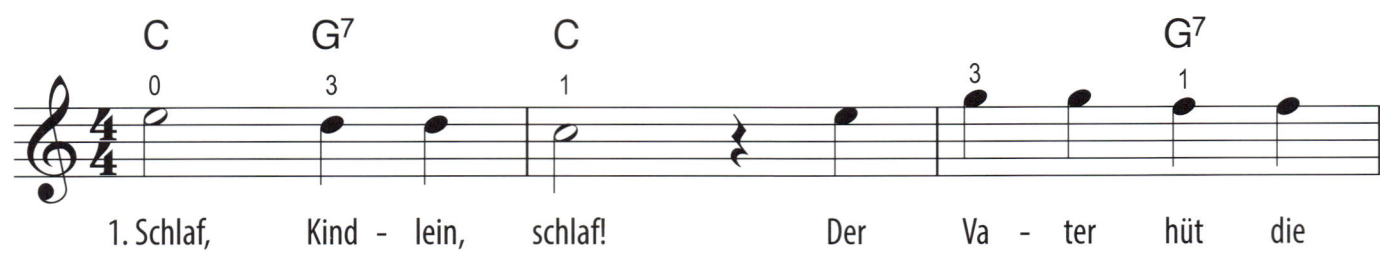

1. Schlaf,　Kind - lein,　schlaf!　Der　Va - ter　hüt　die

Schaf,　die　Mut - ter　schüt - telt's　Bäu - me - lein,　da

fällt her - ab　ein　Träu - me - lein.　Schlaf,　Kind - lein,　schlaf!

Strophe 1

　C　　G7　　C
Schlaf, Kindlein, schlaf!
　　C　　G7　　C
Der Vater hüt die Schaf,
　　G7　　　　　　C
die Mutter schüttelt's Bäumelein,
　　G7　　　　　C
da fällt herab ein Träumelein.
C　　G7　　C
Schlaf, Kindlein, schlaf!

Strophe 2

　C　　G7　　C
Schlaf, Kindlein, schlaf!
　　C　　G7　　　C
Am Himmel ziehn die Schaf.
　　G7　　　　　　C
Die Sternlein sind die Lämmerlein,
　　G7　　　　　C
der Mond, der ist das Schäferlein.
C　　G7　　　C
Schlaf, Kindlein, schlaf!

ONLINE-HÖRBEISPIELE: www.gitarre-fuer-kinder.de

Strophe 3

C   G⁷   C
Schlaf, Kindlein, schlaf!
   C   G⁷   C
Geh fort und hüt die Schaf,
   G⁷   C
dein Mutter hütet´s Böckelein,
   G⁷   C
das bringt dir schöne Röckelein.
C   G⁷   C
Schlaf, Kindlein, schlaf!

Strophe 4

C   G⁷   C
Schlaf, Kindlein, schlaf!
   C   G⁷   C
So schenk ich dir ein Schaf,
   G⁷   C
mit einer goldnen Schelle fein,
   G⁷   C
das soll dein Spielgeselle sein.
C   G⁷   C
Schlaf, Kindlein, schlaf!

Strophe 5

C   G⁷   C
Schlaf, Kindlein, schlaf!
   C   G⁷   C
Da draußen geht ein Schaf.
   G⁷   C
Ein Schaf und eine bunte Kuh,
   G⁷   C
mein Kindchen, mach die Augen zu.
C   G⁷   C
Schlaf, Kindlein, schlaf!

Akkorde

C
einfach
x x x o o

G7
x x o o o

Rhythmus

Garantiert Gitarre lernen für Kinder
Band 2, Seite 40: Viertel und Achtel abwechselnd

4/4

1   2 und 3   4 und

Spielstück

03

Summ, summ, summ!

Alte Volksweise aus Böhmen; Musik: überliefert
Text: Hoffmann von Fallersleben (1798–1874)

Garantiert Gitarre lernen für Kinder
Melodie: Band 1, Seite 48: Die halbe Note | **Akkorde:** Band 1, Seite 59: Akkorde über vier Saiten

Summ, summ, summ! Bien - chen, summ he - rum!

Ei, wir tun dir nichts zu - lei - de, flieg nur aus in Wald und Hei - de!

Summ, summ, summ! Bien - chen, summ her - um!

Akkorde

C   G7

Rhythmus

Garantiert Gitarre lernen für Kinder
Band 1, Seite 63: Die Achtelnote

1   2   und   3   und   4   und

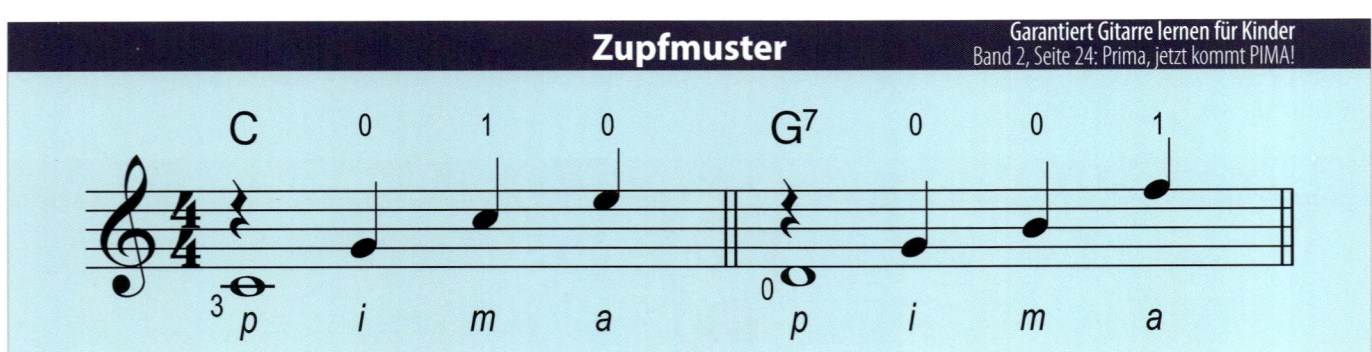

Zupfmuster

Garantiert Gitarre lernen für Kinder
Band 2, Seite 24: Prima, jetzt kommt PIMA!

C   G7

p   i   m   a   p   i   m   a

ONLINE-HÖRBEISPIELE: www.gitarre-fuer-kinder.de

Strophe 1

C
Summ, summ, summ!
G⁷   C
Bienchen, summ herum!
C   G⁷
Ei, wir tun dir nichts zuleide,
C   G⁷
flieg nun aus in Wald und Heide!
C
Summ, summ, summ!
G⁷   C
Bienchen, summ herum!

Strophe 2

C
Summ, summ, summ!
G⁷   C
Bienchen, summ herum!
C   G⁷
Such in Blumen, such in Blümchen
C   G⁷
dir ein Tröpfchen, dir ein Krümchen!
C
Summ, summ, summ!
G⁷   C
Bienchen, summ herum!

Strophe 3

C
Summ, summ, summ!
G⁷   C
Bienchen, summ herum!
C   G⁷
Kehre heim mit reicher Habe,
C   G⁷
bau uns manche volle Wabe!
C
Summ, summ, summ!
G⁷   C
Bienchen, summ herum!

Strophe 4

C
Summ, summ, summ!
G⁷   C
Bienchen, summ herum!
C   G⁷
Bei den heilig Christ-Geschenken
C   G⁷
wollen wir auch dein gedenken –
C
Summ, summ, summ!
G⁷   C
Bienchen, summ herum!

Strophe 5

C
Summ, summ, summ!
G⁷   C
Bienchen, summ herum!
C   G⁷
Wenn wir mit dem Wachsstock suchen
C   G⁷
Pfeffernüss und Honigkuchen.
C
Summ, summ, summ!
G⁷   C
Bienchen, summ herum!

Spielstück
04

A, a, a, der Winter, der ist da!

Alte Volksweise; Musik: überliefert
Text: Hoffmann von Fallersleben (1798–1874)

Garantiert Gitarre lernen für Kinder
Melodie: Band 2, Seite 28: Die punktierte halbe Note | Akkorde: Band 1, Seite 59: Akkorde über vier Saiten

A, a, a, der Win - ter, der ist da!

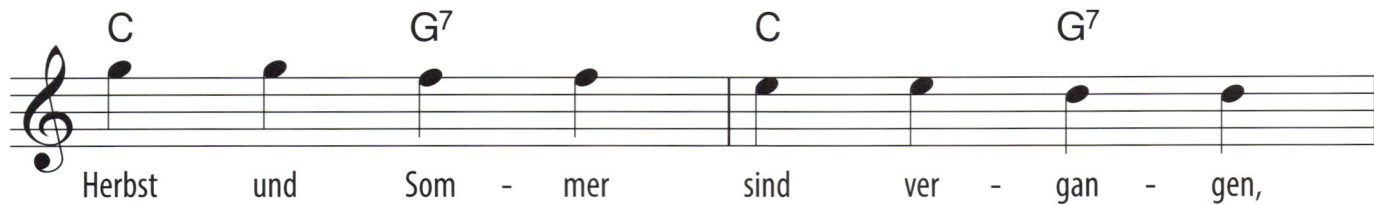

Herbst und Som - mer sind ver - gan - gen,

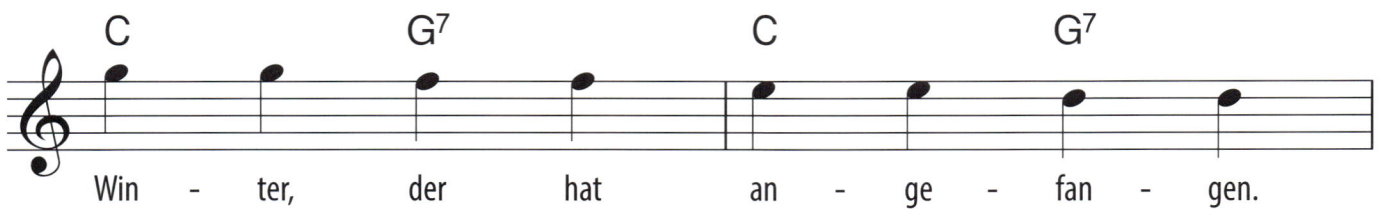

Win - ter, der hat an - ge - fan - gen.

A, a, a, der Win - ter, der ist da!

ONLINE-HÖRBEISPIELE: www.gitarre-fuer-kinder.de

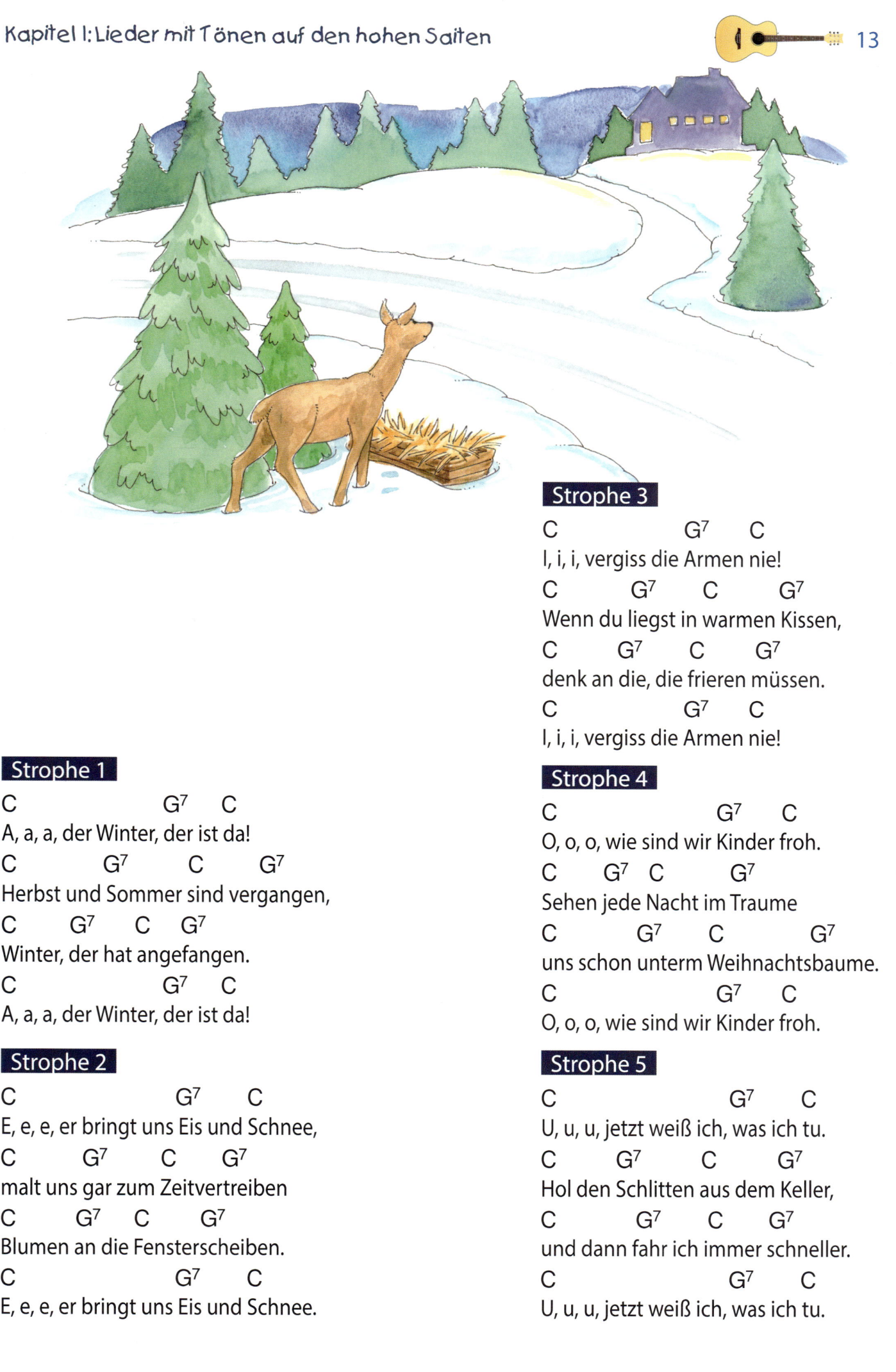

Strophe 3

C   G⁷   C
I, i, i, vergiss die Armen nie!
C   G⁷   C   G⁷
Wenn du liegst in warmen Kissen,
C   G⁷   C   G⁷
denk an die, die frieren müssen.
C   G⁷   C
I, i, i, vergiss die Armen nie!

Strophe 4

C   G⁷   C
O, o, o, wie sind wir Kinder froh.
C   G⁷ C   G⁷
Sehen jede Nacht im Traume
C   G⁷   C   G⁷
uns schon unterm Weihnachtsbaume.
C   G⁷   C
O, o, o, wie sind wir Kinder froh.

Strophe 1

C   G⁷   C
A, a, a, der Winter, der ist da!
C   G⁷   C   G⁷
Herbst und Sommer sind vergangen,
C   G⁷   C   G⁷
Winter, der hat angefangen.
C   G⁷   C
A, a, a, der Winter, der ist da!

Strophe 2

C   G⁷   C
E, e, e, er bringt uns Eis und Schnee,
C   G⁷   C   G⁷
malt uns gar zum Zeitvertreiben
C   G⁷ C   G⁷
Blumen an die Fensterscheiben.
C   G⁷   C
E, e, e, er bringt uns Eis und Schnee.

Strophe 5

C   G⁷   C
U, u, u, jetzt weiß ich, was ich tu.
C   G⁷   C   G⁷
Hol den Schlitten aus dem Keller,
C   G⁷   C   G⁷
und dann fahr ich immer schneller.
C   G⁷   C
U, u, u, jetzt weiß ich, was ich tu.

Alte Volksweise aus dem 18. Jahrhundert; Musik: überliefert
Text: Hoffmann von Fallersleben (1798–1874)

Spielstück

05

Winter, ade!

Garantiert Gitarre lernen für Kinder
Melodie: Band 2, Seite 28: Die punktierte halbe Note | Akkorde: Band 2, Seite 42: Der vollständige G-Dur-Akkord

Strophe 1

C
Winter, ade! Scheiden tut weh.
C   G
Aber dein Scheiden macht,
G   C
dass mir das Herze lacht.
C   G   C
Winter, ade! Scheiden tut weh.

Strophe 2

C
Winter, ade! Scheiden tut weh.
C   G
Gerne vergess ich dein;
G   C
kannst immer ferne sein.
C   G   C
Winter, ade! Scheiden tut weh.

Strophe 3

C
Winter, ade! Scheiden tut weh.
C   G
Gehst du nicht bald nach Haus,
G   C
lacht dich der Kuckuck aus.
C   G   C
Winter, ade! Scheiden tut weh.

ONLINE-HÖRBEISPIELE: www.gitarre-fuer-kinder.de

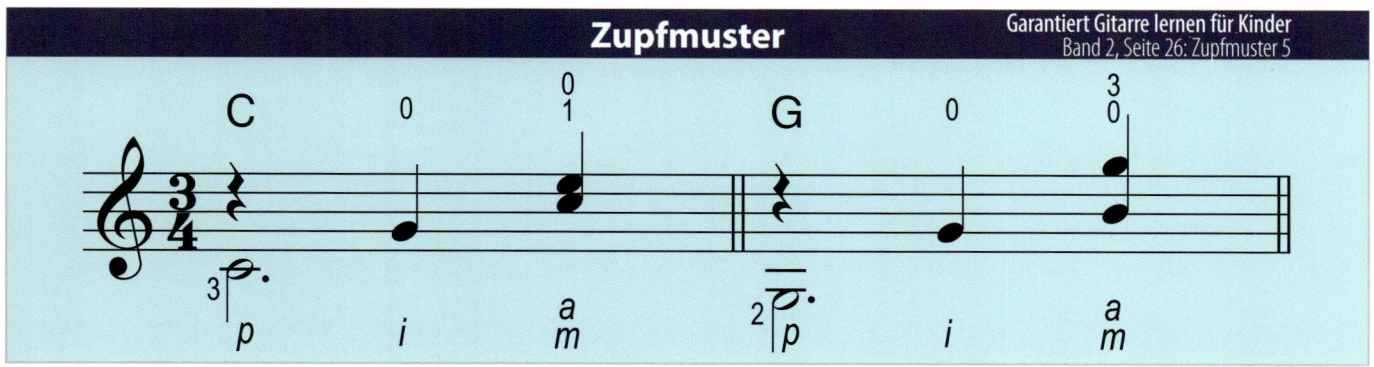

Chanson aus Frankreich
Musik & Text: überliefert

Spielstück

Au clair de la lune

Garantiert Gitarre lernen für Kinder
Melodie: Band 2, Seite 28: Die punktierte halbe Note | Akkorde: Band 2, Seite 45: Der vollständige D-Dur-Akkord

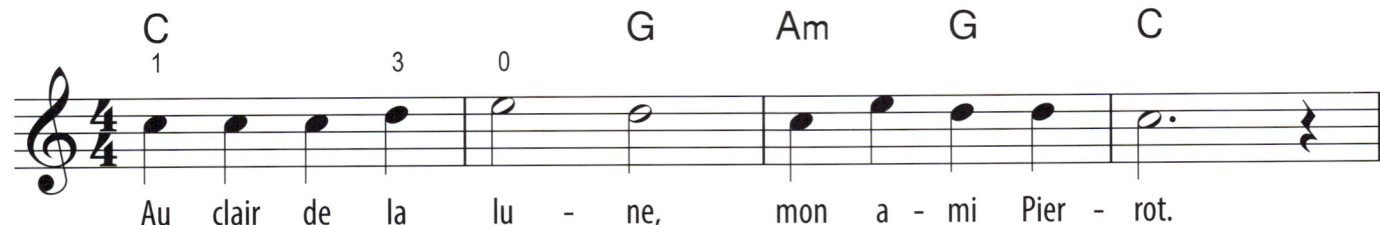

Au clair de la lu - ne, mon a - mi Pier - rot.

Prê - te - moi ta plu - me pour é - crire un mot.

Ma chan - delle est mor - te, je n'ai plus de feu;

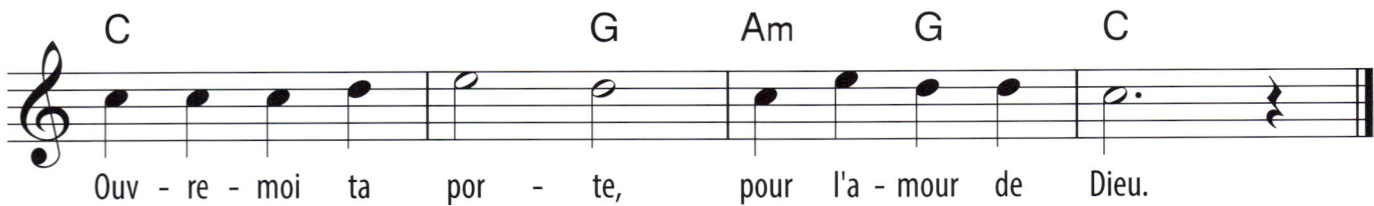

Ouv - re - moi ta por - te, pour l'a - mour de Dieu.

Strophe 1

C   G Am G   C
Au clair de la lune, mon ami Pierrot.
C   G Am G   C
Prête-moi ta plume pour écrire un mot.
G   Am D   G
Ma chandelle est morte, je n'ai plus de feu;
C   G Am G   C
Ouvre-moi ta porte, pour l'amour de Dieu.

Strophe 2

C   G Am G C
Au clair de la lune, Pierrot répondit:
C   G   Am G   C
«Je n'ai pas de plume, je suis dans mon lit.
G   Am D   G
Va chez la voisine, je crois qu'elle y est,
C   G Am G C
Car dans sa cuisine on bat le briquet.»

Strophe 3

C   G Am G   C
Au clair de la lune, l'aimable Lubin.
C   G Am G   C
Frappe chez la brune, elle répond soudain:
G   Am D   G
Qui frapp' de la sorte? Il dit à son tour:
C   G Am G   C
Ouvrez votre porte pour le dieu d'amour!

Strophe 4

C   G Am G   C
Au clair de la lune, on n'y voit qu'un peu.
C   G Am G   C
On chercha la plume, on chercha le feu.
G   Am D   G
En cherchant d'la sorte, je n'sais c'qu'on trouva;
C   G Am G C
Mais je sais qu'la porte sur eux se ferma ...

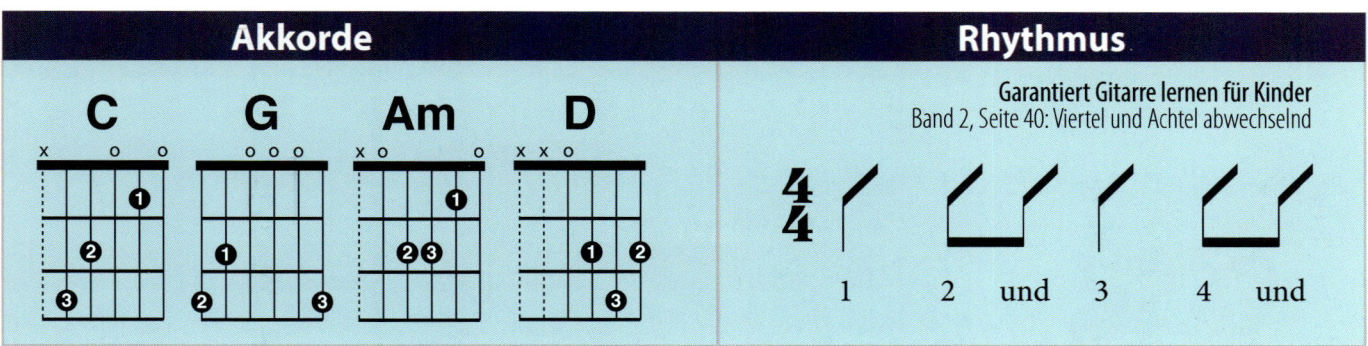

Spielstück

07

Down in the Valley

Garantiert Gitarre lernen für Kinder
Melodie: Band 2, Seite 68: Die punktierte Viertelnote | Akkorde: Band 1, Seite 76: Der C-Akkord über fünf Saiten

Traditional Folk Song aus den USA
Musik & Text: überliefert

Down in the val - ley,_____ val - ley so
Hear the wind blow, dear,_____ hear the wind

low,_____ hang your head o - ver,_____
blow,_____ hang your head o - ver,_____

___ hear the wind blow._____
___ hear the wind blow._____

Haltebogen

In den Takten 3 bis 4, 6 bis 8, 11 bis 12 und in den drei letzten Takten siehst du einen
Haltebogen, der zwei gleiche Noten miteinander verbindet.
Der erste Ton wird angezupft, die folgenden, mit dem Bogen verbundenen lässt du einfach
klingen. Den Haltebogen hast du schon in Band 2 auf Seite 28 kennen gelernt.

Strophe 1

C   G⁷
Down in the valley, valley so low,
G⁷   C
hang your head over, hear the wind blow,
C   G⁷
hear the wind blow, dear, hear the wind blow,
G⁷   C
hang your head over, hear the wind blow.

Strophe 2

C   G⁷
Roses love sunshine, violets love dew,
G⁷   C
angels in heaven know I love you,
C   G⁷
know I love you, dear, know I love you,
G⁷   C
angels in heaven know I love you.

Strophe 3

C   G7
If you don't love me, love whom you please,
G7   C
throw your arms 'round me, give my heart ease,
C   G7
give my heart ease, love, give my heart ease,
G7   C
throw your arms 'round me, give my heart ease.

Strophe 5

C   G7
Write me a letter, send it by mail,
G7   C
send it in care of Birmingham jail,
C   G7
Birmingham jail, love, Birmingham jail,
G7   C
send it in care of Birmingham jail.

Strophe 4

C   G7
Build me a castle forty feet high,
G7   C
so I can see him as he rides by,
C   G7
as he rides by, love, as he rides by,
G7   C
so I can see him as he rides by.

ONLINE-HÖRBEISPIELE: www.gitarre-fuer-kinder.de

Volkslied
Musik & Text: überliefert

Spielstück 08

Unsre Katz

Garantiert Gitarre lernen für Kinder
Melodie: Band 1, Seite 48: Die halbe Note | **Akkorde:** Band 2, Seite 42: Der vollständige G-Dur-Akkord

Uns - re Katz hat Kätz - chen g'habt. Drei - e, sech - se, neu - ne.

Eins, das hat ein Ring - lein auf, das ist schon das mei - ne.

G
Unsre Katz hat Kätzchen g'habt.
G   D7
Dreie, sechse, neune.
G
Eins, das hat ein Ringlein auf,
      D7   G
das ist schon das meine.

Akkorde

G   **D7**

Rhythmus

Garantiert Gitarre lernen für Kinder
Band 1, Seite 63: Die Achtelnote

1   2   und   3   und   4   und

Zupfmuster

Garantiert Gitarre lernen für Kinder
Band 2, Seite 26: Zupfmuster 5

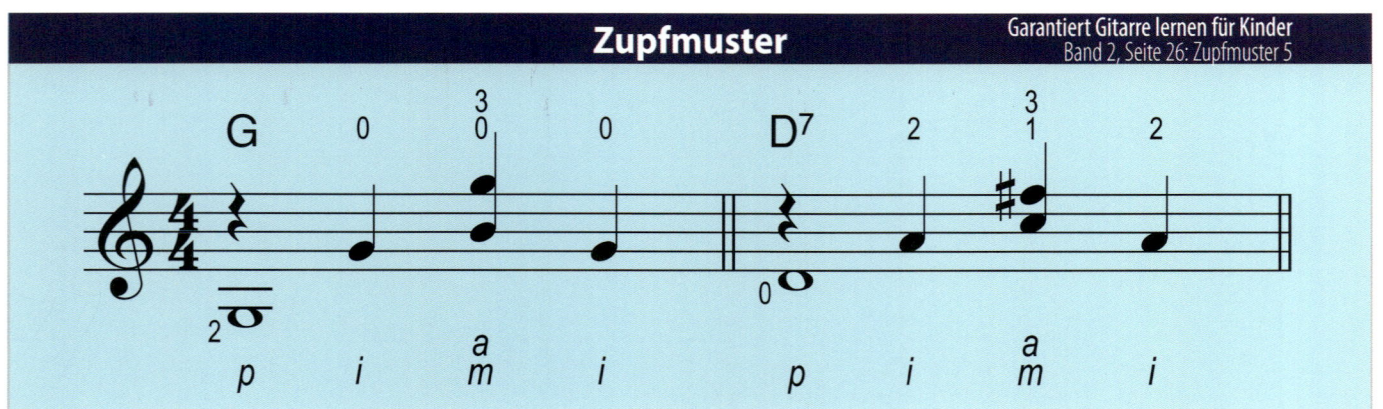

ONLINE-HÖRBEISPIELE: www.gitarre-fuer-kinder.de

Lieder mit Tönen auf den mittleren Saiten

Die nachfolgenden Liedmelodien werden auf den mittleren Gitarrensaiten gespielt.

Du kannst sie aber auch singen und mit Akkorden rhythmisch begleiten.

Oder du spielst sie zu zweit mit einer Freundin oder einem Freund zusammen. Die/der eine übernimmt die Melodie, während die/der andere dazu die Begleitung mit Akkorden spielt.

Traditional aus den USA
Musik & Text: überliefert

Spielstück

09

Oh! Susanna (I Come from Alabama)

Garantiert Gitarre lernen für Kinder
Melodie: Band 2, Seite 28: Die punktierte halbe Note | **Akkorde:** Band 1, Seite 76: Der C-Dur-Akkord über fünf Saiten

Strophe

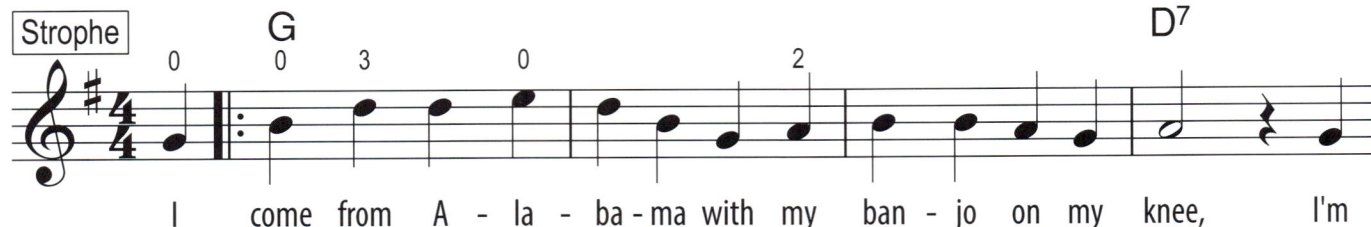

I come from A - la - ba - ma with my ban - jo on my knee, I'm
rained all night the day I left, the weath - er it was dry, the

going to Loui - si - a - na my Su - san - na for to see. It
sun so hot I froze to death, Su - san - na don't you cry.

Refrain

Oh! Su - san - na, oh, don't you cry for me, I

come from A - la - ba - ma with my ban - jo on my knee.

Strophe 1

    G   D7

I come from Alabama with my banjo on my knee,

    G   D7   G

I'm goin' to Louisiana my Susanna for to see.

    G   D7

It rained all night the day I left, the weather it was dry,

    G   D7   G

the sun so hot I froze to death, Susanna, don't you cry.

Refrain

    C   G   D7

Oh! Susanna, oh, don't you cry for me,

    G   D7   G

I come from Alabama with my banjo on my knee.

Strophe 2

```
 G                                                    D⁷
I had a dream the other night, when everything was still,
 G                                        D⁷        G
I thought I saw Susanna dear, a-comin' down the hill.
   G                                                    D⁷
The buckwheat cake was in her mouth, a tear was in her eye,
 G                                        D⁷        G
I say, «I've coming from the South», Susanna, don't you cry.
```

Refrain

```
C           G           D⁷
Oh! Susanna, oh, don't you cry for me,
 G                              D⁷    G
I come from Alabama with my banjo on my knee.
```

Refrain

```
C           G           D⁷
Oh! Susanna, oh, don't you cry for me,
 G                              D⁷    G
I come from Alabama with my banjo on my knee.
```

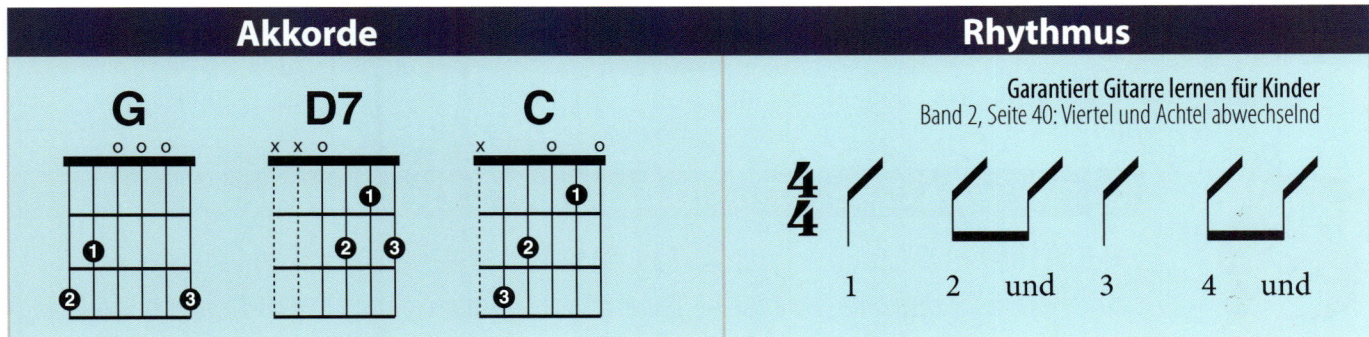

ONLINE-HÖRBEISPIELE: www.gitarre-fuer-kinder.de

Spiritual aus den USA
Musik & Text: überliefert

Spielstück 10

Swing Low, Sweet Chariot

Garantiert Gitarre lernen für Kinder
Melodie: Band 2, Seite 68: Die punktierte Viertelnote | Akkorde: Band 2, Seite 45: Der vollständige D-Dur-Akkord

Refrain

G | C | G | D

Swing low, sweet cha - ri - ot,____ com-ing for to car-ry me home.

G | C | G | D | G *Fine*

Swing low, sweet cha - ri - ot,____ com-ing for to car-ry me home. 1. I

Strophe

G | C | G | D

looked o-ver Jor-dan and what did I see?____ Com-ing for to car-ry me home, a

G | C | G | D | G *D.C. al Fine*

band__ of an-gels com-ing af-ter me,____ com-ing for to car-ry me home.

Da Capo al Fine (D.C. al Fine) | Kreuzvorzeichen

„D.C. al Fine" ist die Abkürzung für **„Da Capo al Fine"** und bedeutet, dass du nochmal von vorne spielst bis zum **„Fine"** (das heißt „Ende"). Dort hört das Lied auf. In **Band 2** hast du diese Abkürzung schon auf der *Seite 63* kennen gelernt.

Das **Kreuzvorzeichen** lernten wir in **Band 2**, *Seite 38*, das Kreuz als **Dauervorzeichen** in **Band 2** auf *Seite 46*.

Refrain

G   C G
Swing low, sweet chariot,
G   D
coming for to carry me home.
G   C G
Swing low, sweet chariot,
G   D   G
coming for to carry me home.

Strophe 1

G   C G
I looked over Jordan, and what did I see?
G   D
Coming for to carry me home.
G   C   G
A band of angels coming after me,
G   D   G
coming for to carry me home.

Refrain

```
G                   C   G
Swing low, sweet chariot,
G                        D
coming for to carry me home.
G                   C   G
Swing low, sweet chariot,
G          D   G
coming for to carry me home.
```

Strophe 2

```
 G            C      G
If you get there before I do.
G                        D
Coming for to carry me home.
   G                 C        G
Tell all of my friends, that I'm coming there too.
G          D    G
Coming for to carry me home.
```

Refrain

```
G                   C   G
Swing low, sweet chariot,
G                        D
coming for to carry me home.
G                   C   G
Swing low, sweet chariot,
G          D   G
coming for to carry me home.
```

Refrain

```
G                   C   G
Swing low, sweet chariot,
G                        D
coming for to carry me home.
G               C   G
Swing low, sweet chariot,
G          D    G
coming for to carry me home.
```

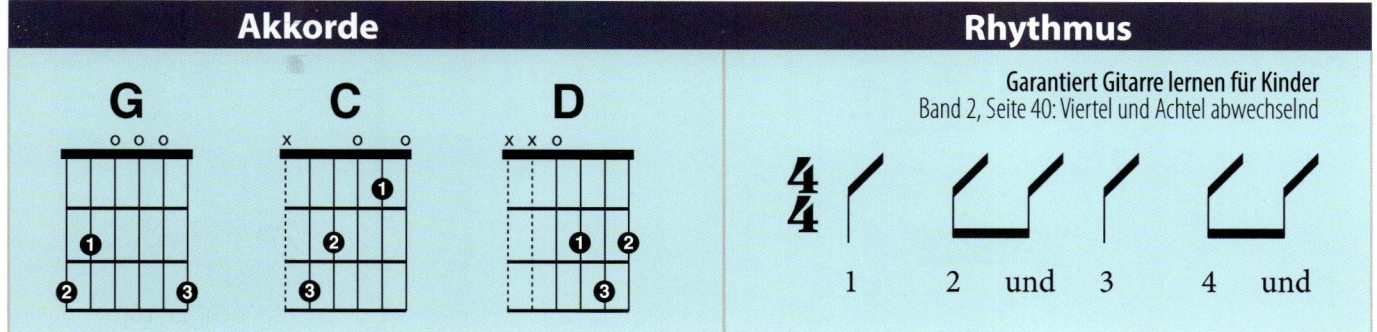

Akkorde — G, C, D

Rhythmus — Garantiert Gitarre lernen für Kinder, Band 2, Seite 40: Viertel und Achtel abwechselnd

$\frac{4}{4}$ 1   2   und   3   4   und

Zupfmuster — Garantiert Gitarre lernen für Kinder, Band 2, Seite 24: Zupfmuster 4

ONLINE-HÖRBEISPIELE: www.gitarre-fuer-kinder.de

Spielstück

11

Bella Bimba

Garantiert Gitarre lernen für Kinder
Melodie: Band 1, Seite 63: Die Achtelnote | **Akkorde:** Band 2, Seite 37: Der vollständige Em-Akkord

Volkslied aus Italien
Musik & Text: überliefert

Refrain

Ma co-me bal-li bel-la bim-ba, bel-la bim-ba, bel-la bim-ba. Ma

co-me bal-li bel-la bim-ba, bel-la bim-ba, bal-li ben!

Strophe

Guar-da che pas-sa la vil-la-nel-la,

a-gi-le e snel-la sa ben bal-lar.

Refrain

    C G^7 C
Ma come balli bella bimba, bella bimba, bella bimba.
    C G^7 C
Ma come balli bella bimba, bella bimba, balli ben!

Strophe 1

Am   Em
Guarda che passa la villanella,
Am G^7
agile e snella sa ben ballar.

Refrain

    C G^7 C
Ma come balli bella bimba, bella bimba, bella bimba.
    C G^7 C
Ma come balli bella bimba, bella bimba, balli ben!

Strophe 2

Am   Em
Danza al mattino, danza alla sera,
Am   G^7
sempre legera, sempra volar!

Refrain

  C   G^7 C
Ma come balli bella bimba, bella bimba, bella bimba.
  C   G^7 C
Ma come balli bella bimba, bella bimba, balli ben!

Spielstück 12

Bajuschki Baju

Russisches Wiegenlied (überliefert)
Deutscher Text: Norbert Roschauer

Garantiert Gitarre lernen für Kinder
Melodie: Band 1, Seite 83: Die ganze Note | **Akkorde:** Band 2, Seite 65: Der E-Dur-Akkord

A - Moll, E - Dur, A - Moll, E - Dur, oh wie klingt das___ schön!
russisch: Spi mla - dye - nets, moi pre - kra - sny, ba - jusch - ki ba - ju,

Und ganz lang - sam___ darf ich spie - len! Das ist wun - der - schön.
tik - ho smo - trit___ mye - syats ya - sny f ko - ly - byel tva - yu.

Akkorde

Am   E   G   C

Rhythmus

Garantiert Gitarre lernen für Kinder
Band 1, Seite 48: Die halbe Note

1   2   3   4

Dieses **Arpeggio-Zeichen** bedeutet:
streiche mit dem Daumen langsam
von den tiefen zu den hohen Saiten.

Zupfmuster

Garantiert Gitarre lernen für Kinder
Band 2, Seite 24 Prima, hier kommt PIMA

Am   E   G   C

p i m a   p i m a   p i m a   p i m a

ONLINE-HÖRBEISPIELE: www.gitarre-fuer-kinder.de

Quiz 2

A Hier war jemand ganz schön schusselig und hat viele Töne vergessen.
Ergänze die fehlenden Töne! *(Lösungen auf www.gitarre-fuer-kinder.de).*

Hän - sel und Gre - tel ver - irr - ten sich im Wald.

Es war so fin - ster und auch so bit - ter - kalt. Sie

ka - men an ein Häus - chen von Pfef - fer - ku - chen fein,

wer mag der Herr wohl von die - sem Häus - chen sein?

B Oje, da hat jemand gar nicht aufgepasst. Schlamperei! Im folgenden Lied sind beim Aufschreiben einige Töne falsch geraten.
Markiere die falschen Töne und schreibe die richtigen Töne auf!

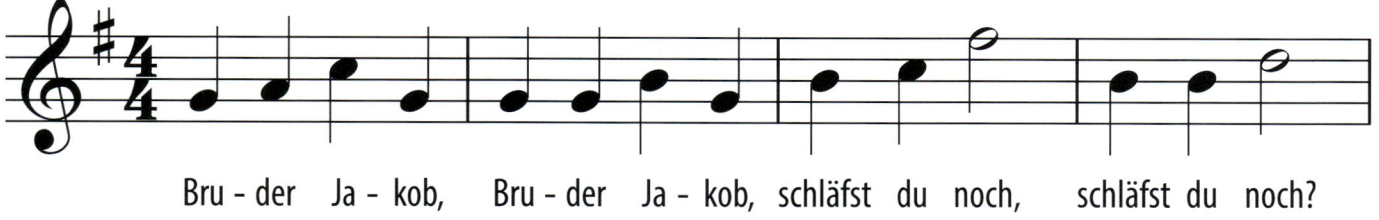

Bru - der Ja - kob, Bru - der Ja - kob, schläfst du noch, schläfst du noch?

Hörst du nicht die Glo - cken, hörst du nicht die Glo - cken? Ding, dang dong, ding, dang, dong!

C *Auch hier ist einiges durcheinander geraten ... Verbessere die Noten!*

Häns-chen klein   ging al - lein   in die wei - te   Welt hin - ein.

Stock und Hut   steht ihm gut,   ist gar wohl-ge - mut.

A - ber Mut-ter   wei-net sehr,   hat ja nun kein Häns-chen mehr.

Da be-sinnt   sich das Kind,   geht nach Haus ge-schwind.

ONLINE-LÖSUNGEN: www.gitarre-fuer-kinder.de

Lieder mit Tönen auf den tiefen Saiten

Die nachfolgenden Liedmelodien werden auf den tiefen Gitarrensaiten gespielt.

Bis auf die Solostücke kannst du sie aber auch singen und mit Akkorden rhythmisch begleiten.
Oder du spielst sie zu zweit mit einer Freundin oder einem Freund zusammen.
Die/der eine übernimmt die Melodie, während die/der andere
dazu die Begleitung mit Akkorden spielt.

Spielstück

13

Boogie in E

Musik: Norbert Roschauer

Garantiert Gitarre lernen für Kinder
Melodie: Band 1, Seite 82: Das tiefe „g"

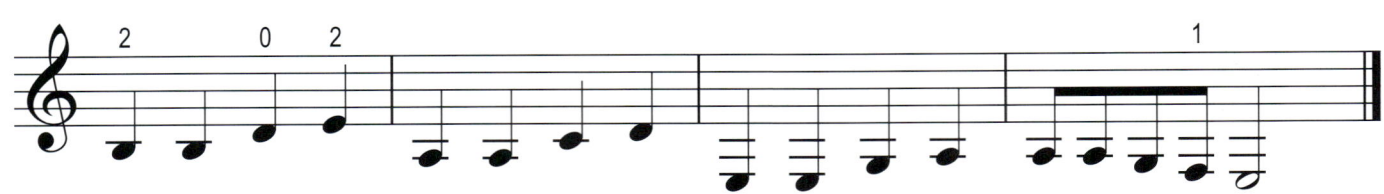

Spielstück

14

Ein Hase saß im tiefen Tal

Volkslied
Musik & Text: überliefert

Garantiert Gitarre lernen für Kinder
Melodie: Band 2, Seite 28: Die punktierte halbe Note | Akkorde: Band 1, Seite 76: Der C-Dur-Akkord über fünf Saiten

Ein__ Ha - se saß im__ tie - fen Tal, sing-ing hol-ly pol-ly dood-le all the

day, übt__ Se - gel-flug wie__ Li - lien-thal, sing-ing hol-ly pol-ly dood-le all the

day. Fare - well, fare - well, fare - well my fai - ry fay, I am

off to Loui-si - a - na for to see my Sou-sy An-na, sing-ing hol-ly pol-ly dood-le all the day.

Strophe 1 Ein Hase saß im tiefen Tal,
singing holly polly doodle all the day,
übt Segelflug wie Lilienthal,
Singing holly polly doodle all the day.

Refrain Farewell, farewell, farewell my fairy fay,
I am off to Louisiana for to see my Sousy Anna,
singing holly polly doodle all the day.

Strophe 2 Der Apparat steigt in die Luft,
singing holly polly doodle all the day,
der Motor rattert, knattert, pufft,
singing holly polly doodle all the day.

Refrain Farewell, farewell, farewell ...

Strophe 3 Bei tausend Metern angelangt,
singing holly polly doodle all the day,
der Kasten plötzlich schaurig schwankt,
singing holly polly doodle all the day.

Refrain Farewell, farewell, farewell ...

Strophe 4 Der Hase denkt, das geht famos,
singing holly polly doodle all the day,
nimmt seinen Fallschirm und springt los,
singing holly polly doodle all the day.

Refrain Farewell, farewell, farewell ...

Strophe 5 Kurz vor der Landung, welche Not,
singing holly polly doodle all the day,
sieht er ein Schild «Hier Parkverbot!»,
singing holly polly doodle all the day.

Refrain Farewell, farewell, farewell ...

Strophe 6
Der Hase denkt, «Das macht ja nischt»,
singing holly polly doodle all the day,
«wenn mich kein Polizist erwischt»,
singing holly polly doodle all the day.

Refrain Farewell, farewell, farewell ...

Strophe 7
Doch leider war, o Häslein, ach,
singing holly polly doodle all the day,
das Auge des Gesetzes wach,
singing holly polly doodle all the day.

Refrain Farewell, farewell, farewell ...

Strophe 8
Denn kaum gedacht, war's schon passiert,
singing holly polly doodle all the day,
ein Schutzmann ihn zur Wache führt,
singing holly polly doodle all the day.

Refrain Farewell, farewell, farewell ...

Strophe 9
Den armen Hasen sperrt man ein,
singing holly polly doodle all the day,
bei trocknem Brot und Gänsewein,
singing holly polly doodle all the day.

Refrain Farewell, farewell, farewell ...

Akkorde C G7

Rhythmus
Garantiert Gitarre lernen für Kinder
Band 1, Seite 63: Die Achtelnote

4/4 1 2 und 3 und 4 und

Zupfmuster
Garantiert Gitarre lernen für Kinder
Band 2, Seite 26 Zupfmuster 5

ONLINE-HÖRBEISPIELE: www.gitarre-fuer-kinder.de

Spielstück 15

Walking Bass

Musik: Norbert Roschauer

Garantiert Gitarre lernen für Kinder
Melodie: Band 1, Seite 82: Das tiefe „g"

Im *Boogie in G* sind die **Basstöne**, das sind die Noten mit den Hälsen nach unten, die **Melodietöne**. Diese sollte man etwas *lauter* spielen als die Töne auf der zweiten Seite. Das sind nämlich nur Begleittöne. Du zupfst sie immer mit dem *Zeigefinger* an. Den *Mittelfinger* darfst du aber auch dafür verwenden.

Spielstück 16

Boogie in G

Musik: Norbert Roschauer

Garantiert Gitarre lernen für Kinder
Melodie: Band 2, Seite 80: Das Auflösungszeichen | **Zupfmuster:** Band 2, Seite 14: Zupfmuster 1

Spielstück 17

Bassmelodie

Musik: Norbert Roschauer

Garantiert Gitarre lernen für Kinder
Melodie: Band 2, Seite 46: Das Dauervorzeichen | **Zupfmuster:** Band 2, Seite 24: Prima, jetzt kommt PIMA!

Wie der Titel schon sagt, sind auch hier die **Basstöne** die wichtigen **Melodietöne**. Man erkennt das an dem *Betonungszeichen* (>) über der Note. Diese Töne zupfst du mit dem *Daumen*. Alle Töne, die du mit den anderen Fingern zupfst, sind Begleittöne. Sie werden deshalb *etwas leiser* gespielt.

ONLINE-HÖRBEISPIELE: www.gitarre-fuer-kinder.de

Spielstück
18

Go Tell Aunt Rhody

Traditional Folk Song aus den USA
Musik & Text: überliefert

Garantiert Gitarre lernen für Kinder
Melodie: Band 2, Seite 28: Die punktierte halbe Note | Akkorde: Band 1, Seite 76: Der C-Akkord über fünf Saiten

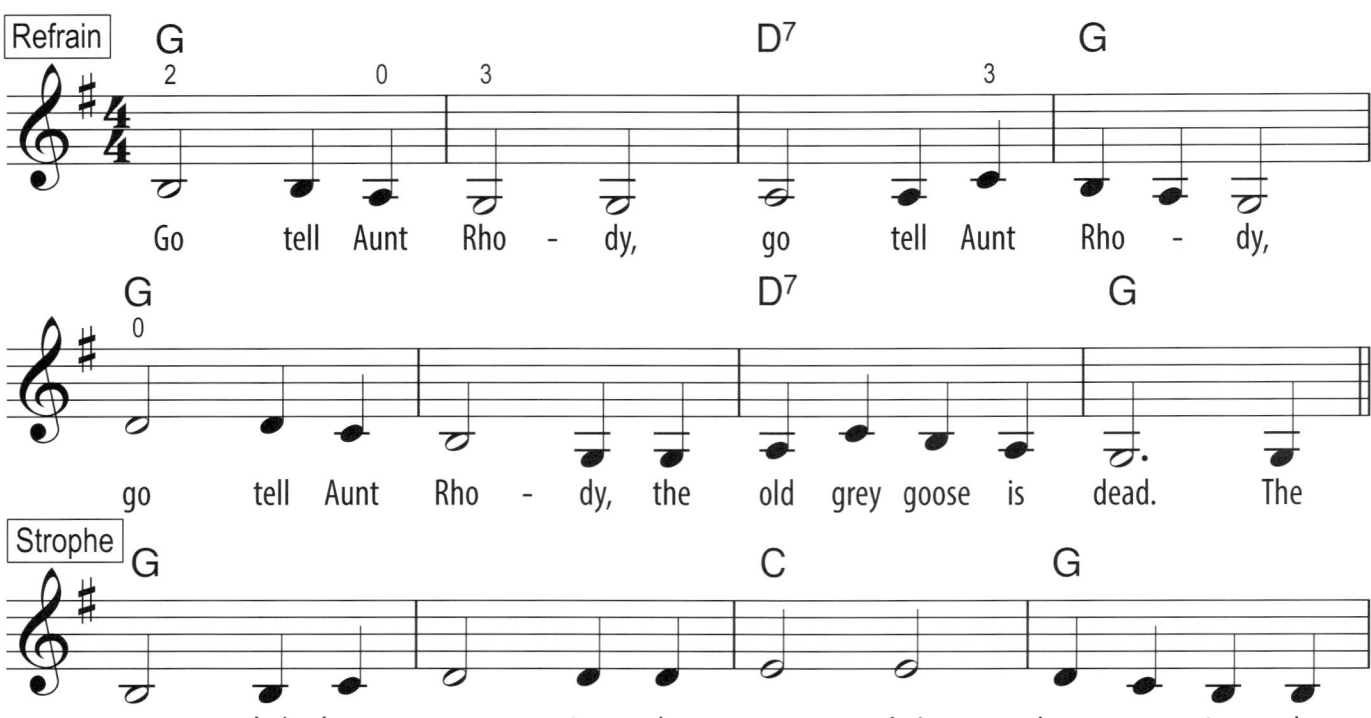

Refrain

G
Go tell Aunt Rhody,
D⁷   G
go tell Aunt Rhody,
G
go tell Aunt Rhody,
    D⁷   G
the old gray goose is dead.

Refrain

G
Go tell Aunt Rhody,
D⁷   G
go tell Aunt Rhody,
G
go tell Aunt Rhody,
    D⁷   G
the old gray goose is dead.

Refrain

G
Go tell Aunt Rhody,
D⁷   G
go tell Aunt Rhody,
G
go tell Aunt Rhody,
    D⁷   G
the old gray goose is dead.

Strophe 1

    G
The one she's been saving,
    C   G
the one she's been saving,
    G
the one she's been saving
    C   G
to make her feather bed.

Strophe 2

    G
She died in the mill pond,
    D⁷   G
she died in the mill pond,
    G
she died in the mill pond,
    D⁷   G
standing on her head.

Strophe 3

    G
She left nine little goslings,
    D⁷   G
she left nine little goslings,
    G
she left nine little goslings
    D⁷   G
to scratch for their own bread.

Refrain

G
Go tell Aunt Rhody,
D⁷   G
go tell Aunt Rhody,
G
go tell Aunt Rhody,
   D⁷   G
the old gray goose is dead.

Strophe 4

   G
The goslings are crying,
   D⁷   G
the goslings are crying,
   G
the goslings are crying
   D⁷   G
because their mother's dead.

Refrain

G
Go tell Aunt Rhody,
D⁷   G
go tell Aunt Rhody,
G
go tell Aunt Rhody,
       D⁷   G
the old gray goose is dead.

Strophe 5

   G
The gander is weeping,
   D⁷   G
the gander is weeping,
   G
the gander is weeping
   D⁷   G
because his wife is dead.

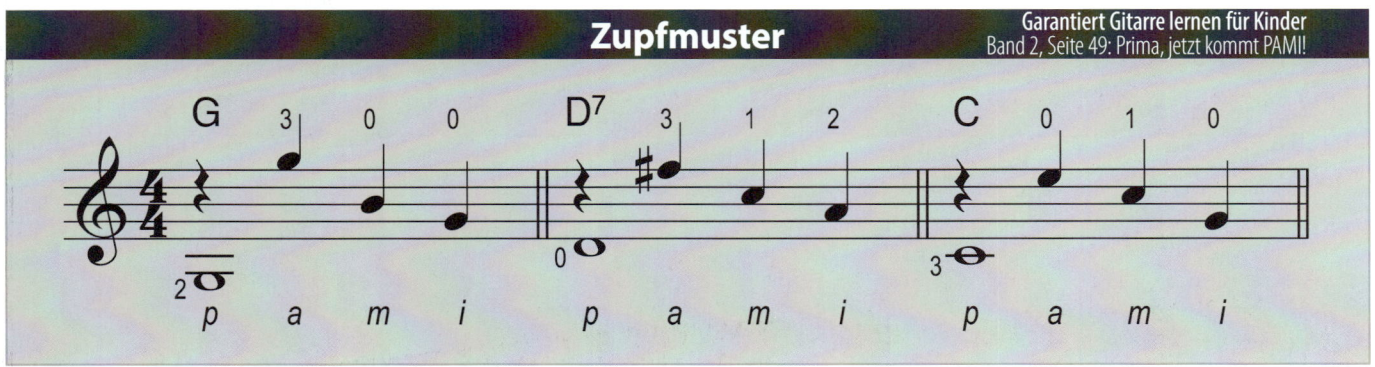

ONLINE-HÖRBEISPIELE: www.gitarre-fuer-kinder.de

Spielstück

19

Jetzt fahrn wir übern See

Volkslied
Musik & Text: überliefert

Garantiert Gitarre lernen für Kinder
Melodie: Band 2, Seite 28: Die punktierte halbe Note | Akkorde: Band 1, Seite 76: Der C-Dur-Akkord über fünf Saiten

Strophe 1

C
Jetzt fahrn wir übern See, übern See,
   G7   C
jetzt fahrn wir übern —
   C
Jetzt fahrn wir übern See, übern See,
   G7   C
jetzt fahrn wir übern See.
   C   G7   C
Mit einer hölzern Wurzel, Wurzel, Wurzel, Wurzel,
   C   G7   C
mit einer hölzern Wurzel, ein Segel war nicht —
   C   G7   C
Mit einer hölzern Wurzel, Wurzel, Wurzel, Wurzel,
   C   G7   C
mit einer hölzern Wurzel, ein Segel war nicht dran.

Strophe 2

C
Und als wir drüber warn, drüber warn,
   G7   C
und als wir drüber —
   C
Und als wir drüber warn, drüber warn,
   G7   C
und als wir drüber warn.
   C   G7   C
Da sangen alle Vöglein, Vöglein, Vöglein, Vöglein,
   C   G7   C
da sangen alle Vöglein, Der helle Tag brach —
   C   G7   C
Da sangen alle Vöglein, Vöglein, Vöglein, Vöglein,
   C   G7   C
da sangen alle Vöglein, Der helle Tag brach an.

ONLINE-HÖRBEISPIELE: www.gitarre-fuer-kinder.de

Strophe 3

C
Der Jäger blies ins Horn, blies ins Horn,
  G⁷   C
der Jäger blies ins —
  C
Der Jäger blies ins Horn, blies ins Horn,
  G⁷   C
der Jäger blies ins Horn.
  C   G⁷   C
Da bliesen alle Jäger, Jäger, Jäger, Jäger,
  C   G⁷   C
da bliesen alle Jäger, ein jeder in sein —
  C   G⁷   C
Da bliesen alle Jäger, Jäger, Jäger, Jäger,
  C   G⁷   C
da bliesen alle Jäger, ein jeder in sein Horn.

Strophe 4

C
Das Liedlein, das ist aus, das ist aus,
  G⁷   C
das Liedlein das ist —
  C
Das Liedlein, das ist aus, das ist aus,
  G⁷   C
das Liedlein das ist aus.
  C   G⁷   C
Und wer das Lied nicht singen kann, singen, singen, singen kann,
  C   G⁷   C
und wer das Lied nicht singen kann, der fang's von vorne —
  C   G⁷   C
Und wer das Lied nicht singen kann, singen, singen, singen kann,
  C   G⁷   C
und wer das Lied nicht singen kann, der fang's von vorne an.

Kinderlied aus der Karibik
Musik & Text: überliefert

Spielstück

20

Brown Girl in the Ring

Garantiert Gitarre lernen für Kinder

Melodie: Band 2, Seite 68: Die punktierte Viertelnote | **Akkorde:** Band 2, Seite 42: Der vollständige G-Dur-Akkord

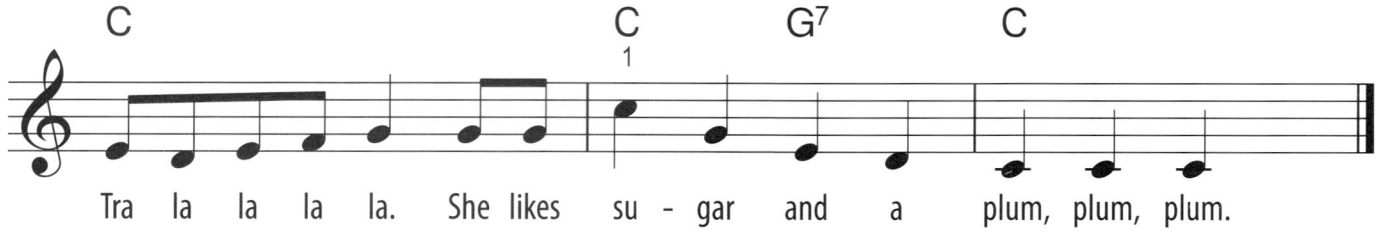

Strophe 1

    C
There's a brown girl in the ring, Tra la la la la.
     G
There's a brown girl in the ring, Tra la la la la la.
C
Brown girl in the ring, Tra la la la la.
     C G⁷ C
She likes sugar and a plum, plum, plum.

Strophe 2

C
Show me your motion, Tra la la la la.
      G
Come on, show me your motion, Tra la la la la la.
C
Show me your motion, Tra la la la la.
    C G⁷ C
She likes sugar and a plum, plum, plum.

Strophe 3

C
Skip across the ocean, Tra la la la la.
G
Skip across the ocean, Tra la la la la la.
C
Skip across the ocean, Tra la la la la.
     C G⁷ C
She likes sugar and a plum, plum, plum.

ONLINE-HÖRBEISPIELE: www.gitarre-fuer-kinder.de

Akkorde

C   **G**   **G7**

Rhythmus

Garantiert Gitarre lernen für Kinder
Band 1, Seite 63: Die Achtelnote

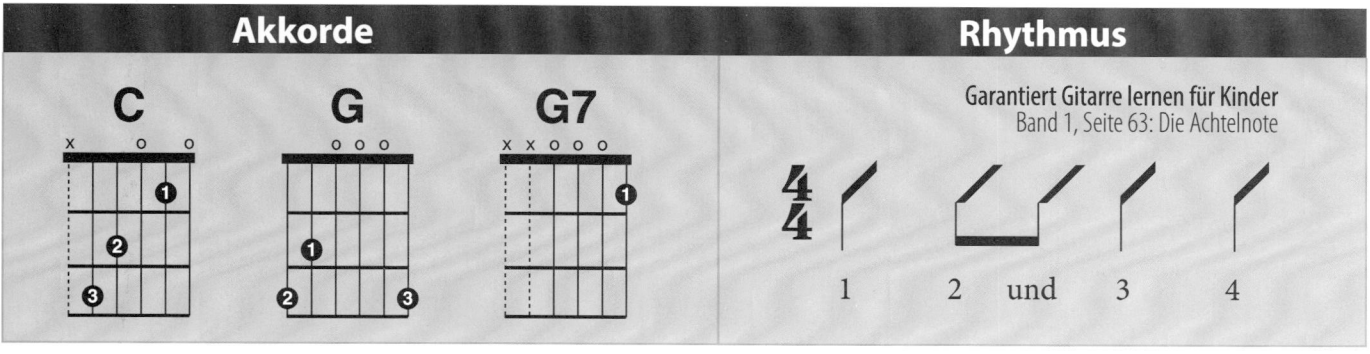

1   2   und   3   4

Zupfmuster

Garantiert Gitarre lernen für Kinder
Band 2, Seite 26 Zupfmuster 5

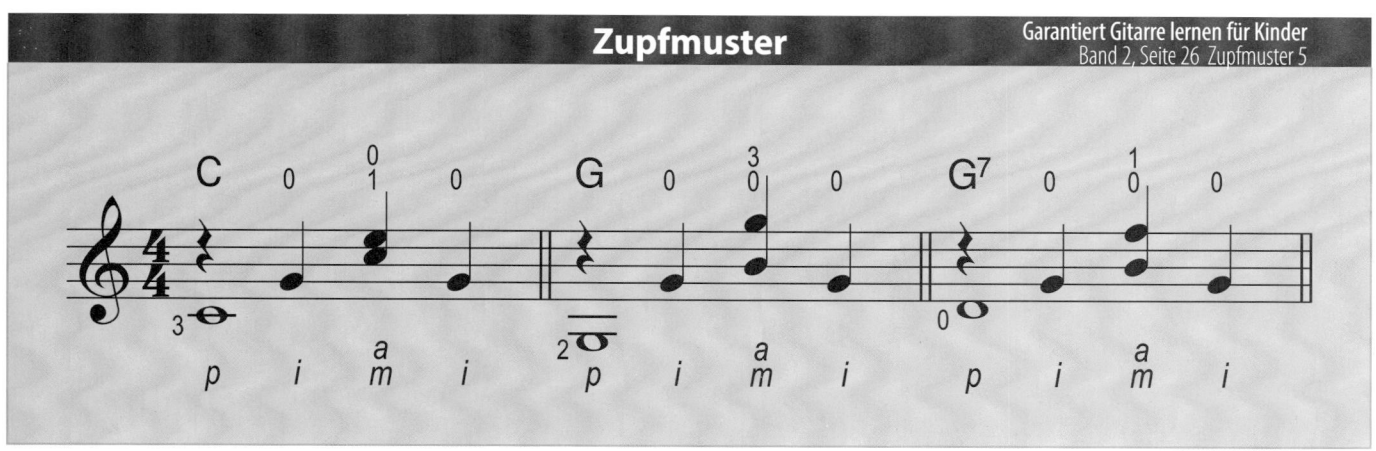

Quiz 3

A Weißt du noch alle Töne? Die Notennamen ergeben das gesuchte Wort.
Wenn eine Pause in den Noten steht, befindet sich schon ein Buchstabe in der
Lösung. Viel Spaß beim Lösen der Aufgaben! (Lösungen: gitarre-fuer-kinder.de).

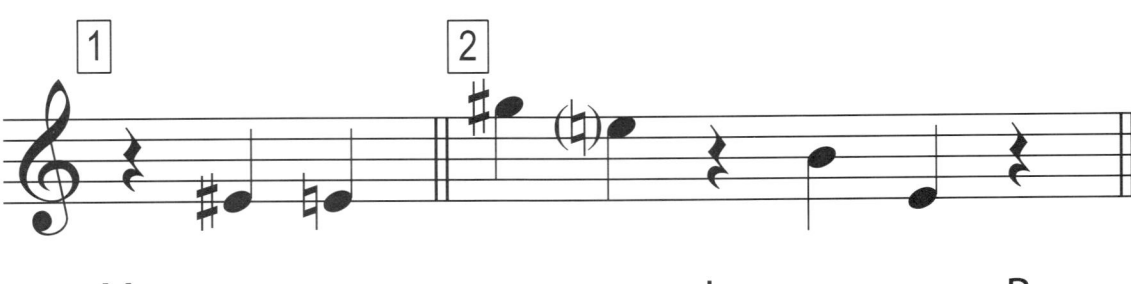

M __ __   __ __ L __ __ R

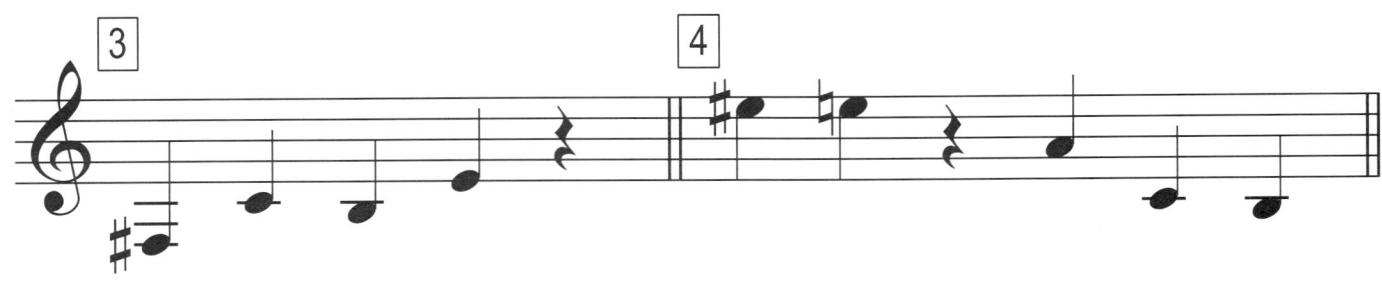

__ __ __ R __ __ N __ __ __

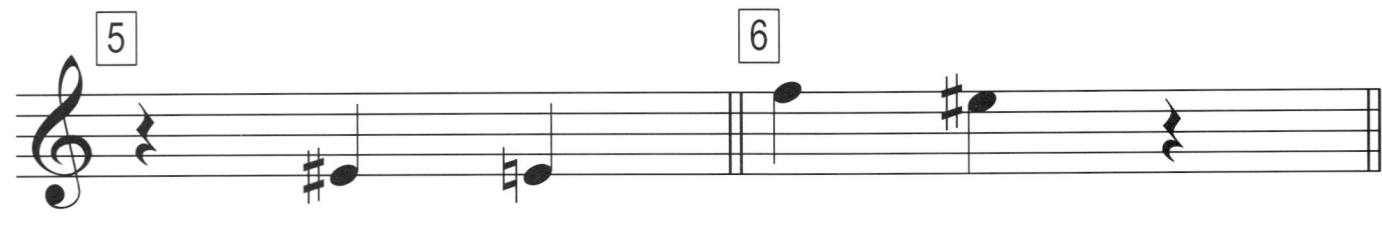

L __ __   __ __ T

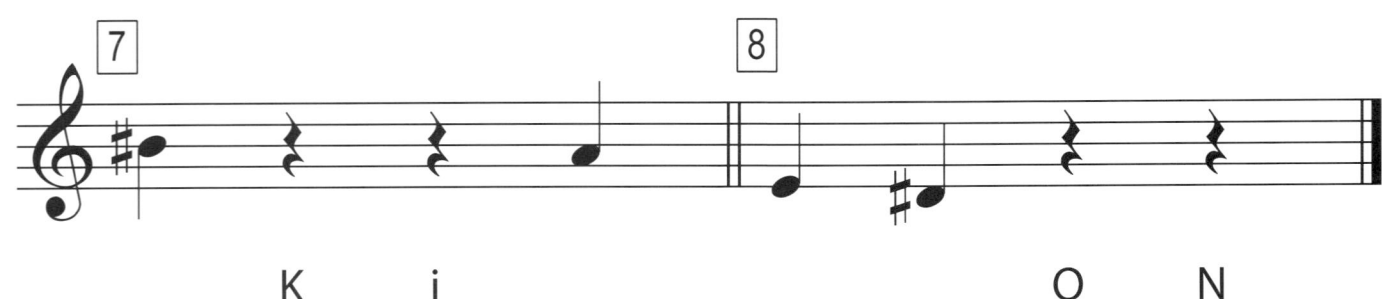

__ __ K i __   __ __ O N

1	Eine Vogelart	2	Alter Name	3	Beruf am Meer
4	Geburtsort Johann Sebastian Bachs	5	Gegenteil von laut		
6	dick	7	Biblischer Name	8	Erfinder der Glühbirne

Das **Kreuzvorzeichen** ♯ wird in *Band 2* auf *Seite 35* genau erklärt,
das **Auflösungszeichen** ♮ auf *Seite 80*. ONLINE-LÖSUNGEN: www.gitarre-fuer-kinder.de

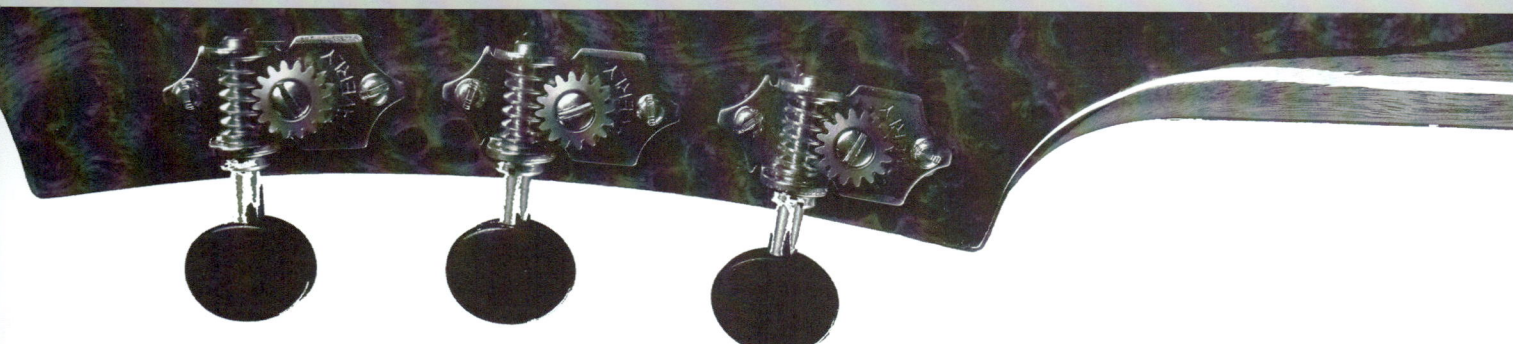

Lieder mit Kreuzvorzeichen

*Die nachfolgenden Lieder stehen in Tonarten mit Kreuzvorzeichen
wie G-Dur, E-Moll, D-Dur und A-Dur.
Dementsprechend ändern sich auch die Griffe für die Akkordbegleitung.*

Spielstück 21

Shalom chaverim

Musik & Text: überliefert aus Israel

Garantiert Gitarre lernen für Kinder
Melodie: Band 2, Seite 46: Das Dauervorzeichen | Akkorde: Band 2, Seite 37: Der vollständige Em-Akkord

Sha - lom cha-ve-rim, sha - lom cha-ve-rim! Sha - lom, sha - lom! Le

hit - ra - ot, le hit - ra - ot, sha - lom, sha - lom!

Em
Shalom chaverim, shalom chaverim!
Em
Shalom, shalom!
Em
Le hitraot, le hitraot,
Em
shalom, shalom!

ONLINE-HÖRBEISPIELE: www.gitarre-fuer-kinder.de

Spielstück
22

Der Hahn ist tot (Kanon)

Musik & Text: überliefert aus Frankreich

Garantiert Gitarre lernen für Kinder
Melodie: Band 2, Seite 46: Das Dauervorzeichen | Akkorde: Band 2, Seite 42: Der vollständige G-Dur-Akkord

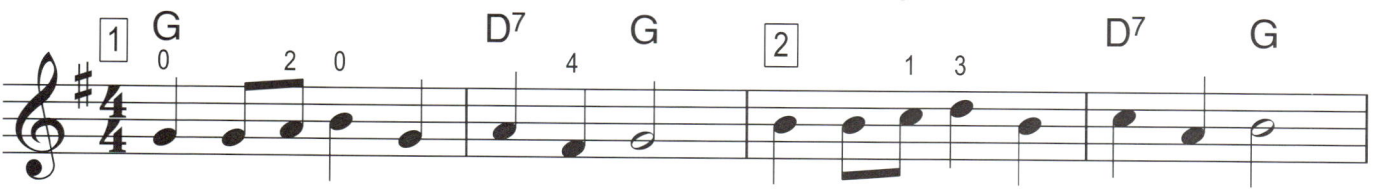

Der Hahn ist tot, der Hahn ist tot. Der Hahn ist tot, der Hahn ist tot.

Er kann nicht mehr krähn, ko - ko - di, ko - ko - da, er kann nicht mehr krähn, ko - ko -

di, ko - ko - da. Ko - ko - ko - ko - ko - ko - ko - ko - di, ko - ko - da.

G   D⁷ G
Der Hahn ist tot, der Hahn ist tot.
G   D⁷ G
Der Hahn ist tot, der Hahn ist tot.
G   D⁷ G
Er kann nicht mehr krähn, kokodi, kokoda,
G   D⁷ G
er kann nicht mehr krähn, kokodi, kokoda.
G   D⁷ G
Koko koko koko kokodi, kokoda.

G   D⁷ G
Le coq est mort, le coq est mort.
G   D⁷ G
Le coq est mort, le coq est mort.
G   D⁷ G
Il ne dira plus cocodi, cocodaa,
G   D⁷ G
il ne dira plus cocodi, cocodaa.
G   D⁷ G
Coco coco coco cocodi, cocoda.

Dieses Lied kannst du auch als Kanon spielen: Spieler 1 beginnt hier 1 . Spieler 2 beginnt hier 2 .
Spieler 3 beginnt hier 3 . Spieler 4 beginnt hier 4 .

Spielstück

23

Auf einem Baum ein Kuckuck

Kinderlied
Musik & Text: überliefert

Garantiert Gitarre lernen für Kinder
Melodie: Band 2, Seite 46: Das Dauervorzeichen | Akkorde: Band 2, Seite 42: Der vollständige G-Dur-Akkord

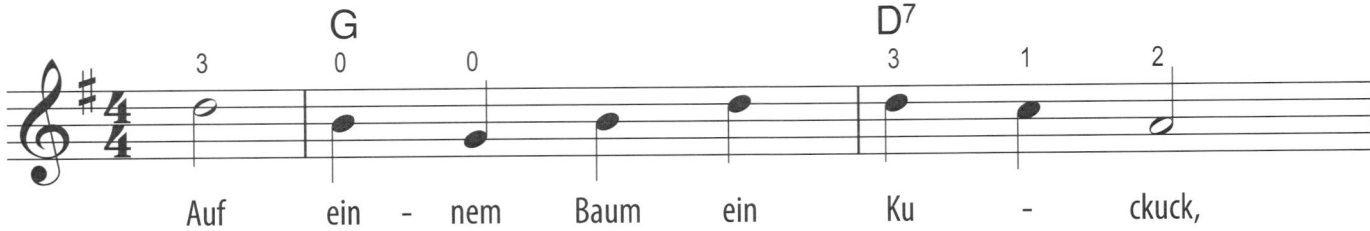

Strophe 1

G   D⁷
Auf einem Baum ein Kuckuck,
G   D⁷
sim sa la bim, bam ba, sa la du, sa la dim,
    G   D⁷   G
auf einem Baum ein Kuckuck saß.

Strophe 2

    G   D⁷
Da kam ein junger Jäger,
G   D⁷
sim sa la bim, bam ba, sa la du, sa la dim,
    G   D⁷   G
da kam ein junger Jägersmann.

Strophe 3

    G   D⁷
Der schoss den armen Kuckuck,
G   D⁷
sim sa la bim, bam ba, sa la du, sa la dim,
    G   D⁷   G
der schoss den armen Kuckuck tot.

Strophe 4

    G   D⁷
Und als ein Jahr vergangen,
G   D⁷
sim sa la bim, bam ba, sa la du, sa la dim,
    G   D⁷   G
und als ein Jahr vergangen war.

Strophe 5

    G   D⁷
Da war der Kuckuck wieder,
G   D⁷
sim sa la bim, bam ba, sa la du, sa la dim,
    G   D⁷   G
da war der Kuckuck wieder da.

Strophe 6

    G   D⁷
Da freuten sich die Leute,
G   D⁷
sim sa la bim, bam ba, sa la du, sa la dim,
    G   D⁷   G
da freuten sich die Leute sehr.

Bei diesem Zupfmuster spielen wir mit dem Daumen einen **Wechselbass**.

Auf der **Zählzeit „3"** zupft der Daumen beim **G-Akkord** nicht mehr die sechste, sondern die vierte Saite und beim **D⁷-Akkord** die fünfte statt der vierten Saite.

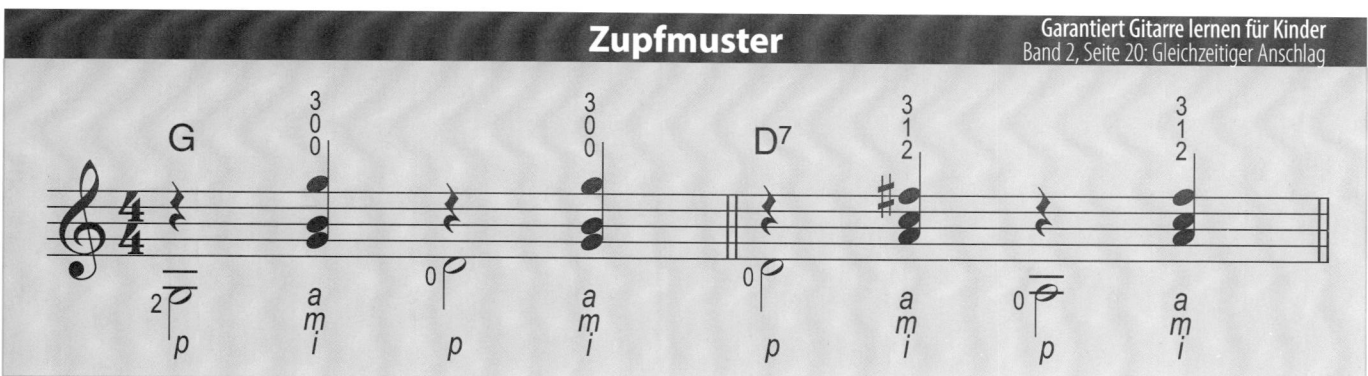

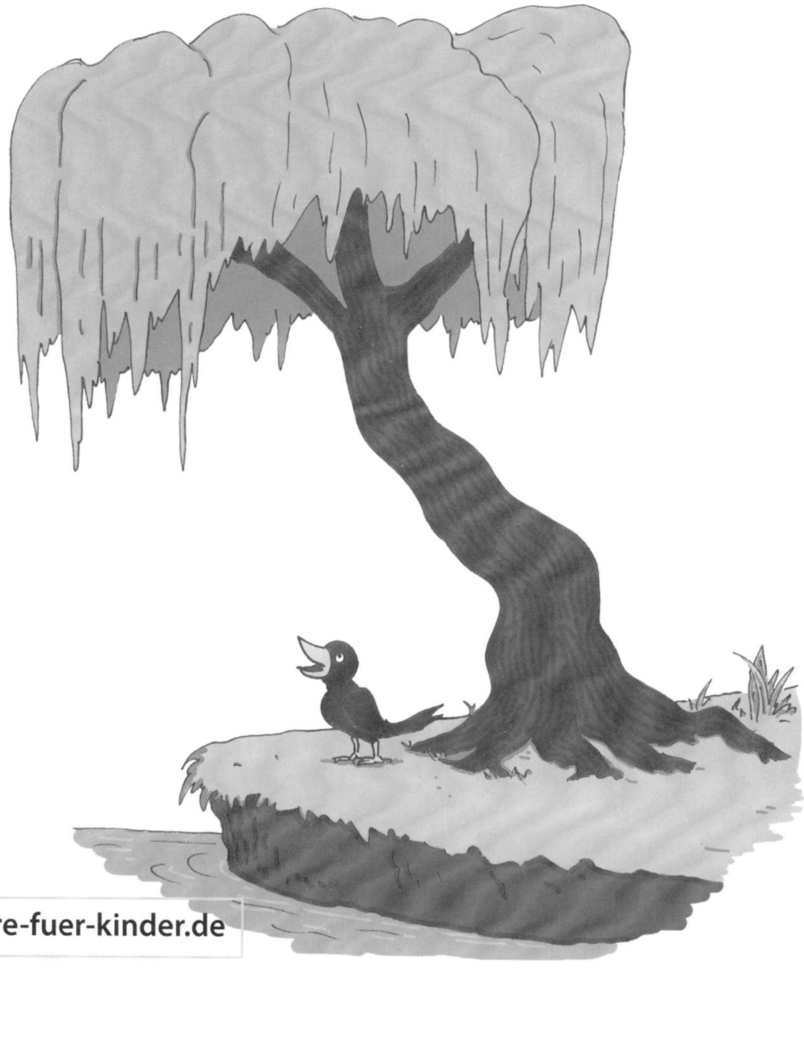

Musik & Text: überliefert

Spielstück 24

Oh heppo di taja he

Garantiert Gitarre lernen für Kinder
Melodie: Band 2, Seite 46: Das Dauervorzeichen | **Akkorde:** Band 2, Seite 42: Der vollständige G-Dur-Akkord

Oh hep-po di ta - ja he, oh hep-po di ta - ja he, oh hep-po di ta - ja, hep-po di tu-cki tu-cki, hep-po di tu-cki tu-cki he.

```
        G
Oh heppo di taja he,
        C           G
oh heppo di taja he,
G
oh heppo di taja,
        G
heppo di tucki tucki,
D                   G
heppo di tucki tucki he.
```

Akkorde
G   C   D

Rhythmus
Garantiert Gitarre lernen für Kinder
Band 2, Seite 40: Viertel und Achtel abwechselnd

1   2   und   3   4   und

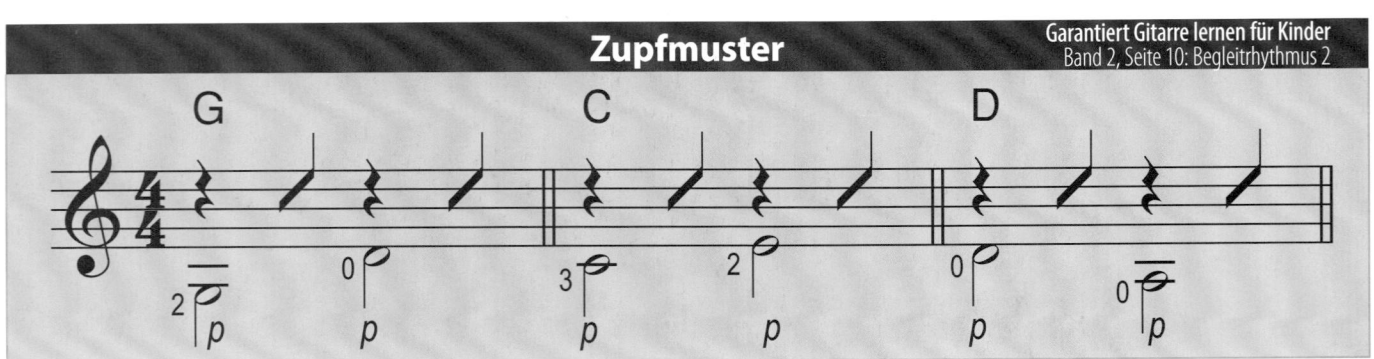

Zupfmuster
Garantiert Gitarre lernen für Kinder
Band 2, Seite 10: Begleitrhythmus 2

G   C   D

Spielstück
25

Ein Elefant ging ohne Hetz

Musik & Text: überliefert

Garantiert Gitarre lernen für Kinder
Melodie: Band 2, Seite 68: Die punktierte Viertelnote | **Akkorde:** Band 2, Seite 42: Der vollständige G-Dur-Akkord

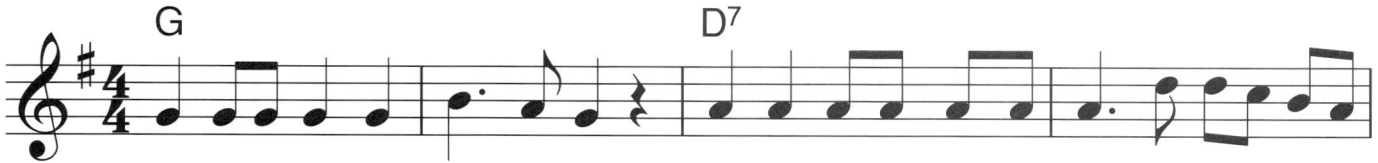

Ein E - le-fant ging   oh - ne Hetz   ganz ge -müt-lich durch ein Spin - nen netz._ Ja, da

fand er die-sen Weg so   in - t'res- sant,   such - te sich noch ei nen   E - le- fant.

Strophe 1

G
Ein Elefant ging ohne Hetz
D7
ganz gemütlich durch ein Spinnennetz.
  G
Ja, da fand er diesen Weg so int'ressant,
D7   G
suchte sich noch einen Elefant.

Strophe 2

G
Zwei Elefanten gingen ohne Hetz
D7
ganz gemütlich durch ein Spinnennetz.
  G
Ja, da fanden sie den Weg so int'ressant,
D7   G
suchten sich noch einen Elefant.

Strophe 3

G
Drei Elefanten gingen ohne Hetz
D7
ganz gemütlich durch ein Spinnennetz.
          G
Ja, da fanden sie den Weg so int'ressant,
D7   G
suchten sich noch einen Elefant.

Strophe 4

G
Vier Elefanten gingen ohne Hetz
D7
ganz gemütlich durch ein Spinnennetz.
          G
Ja, da fanden sie den Weg so int'ressant,
D7   G
suchten sich noch einen Elefant ... usw.

Akkorde

G   **D7**

Rhythmus

Garantiert Gitarre lernen für Kinder
Band 2, Seite 40: Viertel und Achtel abwechselnd

4/4   1   2   und   3   4   und

ONLINE-HÖRBEISPIELE: www.gitarre-fuer-kinder.de

Spielstück

26

Hopp, hopp, hopp

Musik: Carl Gottlieb Hering (1766–1853)
Text: Carl Hahn (1778–1854)

Garantiert Gitarre lernen für Kinder
Melodie: Band 2, Seite 46: Das Dauervorzeichen | Akkorde: Band 2, Seite 42: Der vollständige G-Dur-Akkord

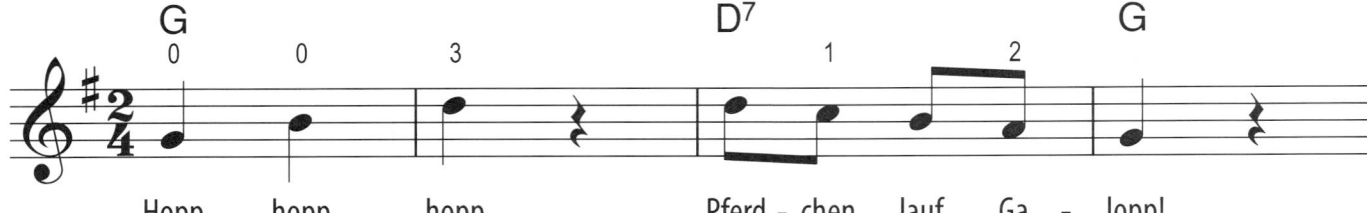

Hopp, hopp, hopp, Pferd - chen, lauf Ga - lopp!

Ü - ber Stock und ü - ber Stei - ne, a - ber brich dir nicht die Bei - ne!

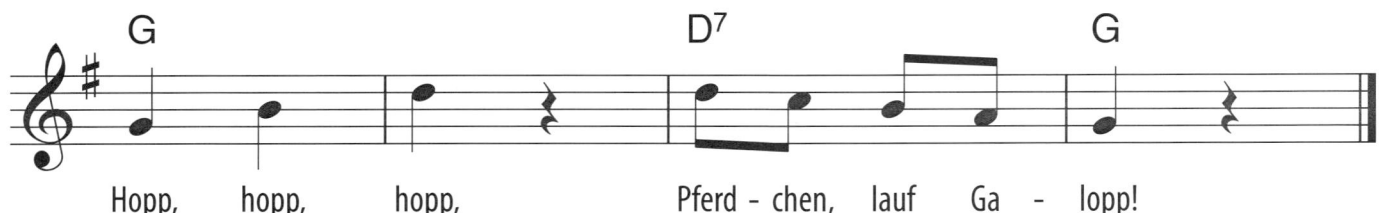

Hopp, hopp, hopp, Pferd - chen, lauf Ga - lopp!

Strophe 1

G   D7   G
Hopp, hopp, hopp, Pferdchen, lauf Galopp!
D7   G
Über Stock und über Steine,
D7   G
aber brich dir nicht die Beine!
G   D7   G
Hopp, hopp, hopp, Pferdchen, lauf Galopp!

Strophe 2

Tipp, tipp, tapp, wirf mich nur nicht ab!
Zähme deine wilden Triebe,
Pferdchen, tu es mir zuliebe:
Tipp, tipp, tapp, wirf mich nur nicht ab!

Strophe 3

Brr, brr, he, steh doch, Pferdchen, steh!
Sollst schon heute weiterspringen,
muss dir nur erst Futter bringen.
Brr, brr, he, steh doch, Pferdchen, steh!

Strophe 4

Ha, ha, ha, hei, nun sind wir da!
Diener, Diener, liebe Mutter,
findet auch mein Pferdchen Futter?
Ha, ha, ha, hei, nun sind wir da!

Spielstück
27

Es regnet, wenn es regnen will

Volkslied
Musik & Text: überliefert

Garantiert Gitarre lernen für Kinder
Melodie: Band 2, Seite 60: Der 2/4-Takt | Akkorde: Band 2, Seite 42: Der vollständige G-Dur-Akkord

Es reg-net, wenn es reg-nen will und reg-net sei-nen Lauf. Und

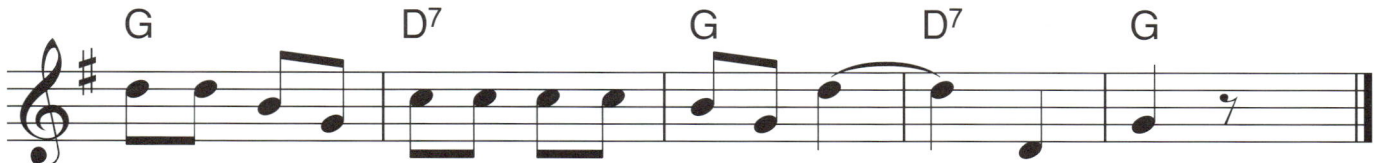

wenn's ge-nug ge-reg-net hat, dann hört es wie - der auf.

G	D7
Es regnet, wenn es regnen will	
G	D7
und regnet seinen Lauf.	
G	D7
Und wenn's genug geregnet hat,	
G D7 G	
dann hört es wieder auf.	

Akkorde

G   **D7**

Rhythmus

Garantiert Gitarre lernen für Kinder
Band 2, Seite 40: Viertel und Achtel abwechselnd

2/4

1   2   und

Zupfmuster

Garantiert Gitarre lernen für Kinder
Band 2, Seite 26 Zupfmuster 5

G   D7

p   i   m   i   p   i   m   i

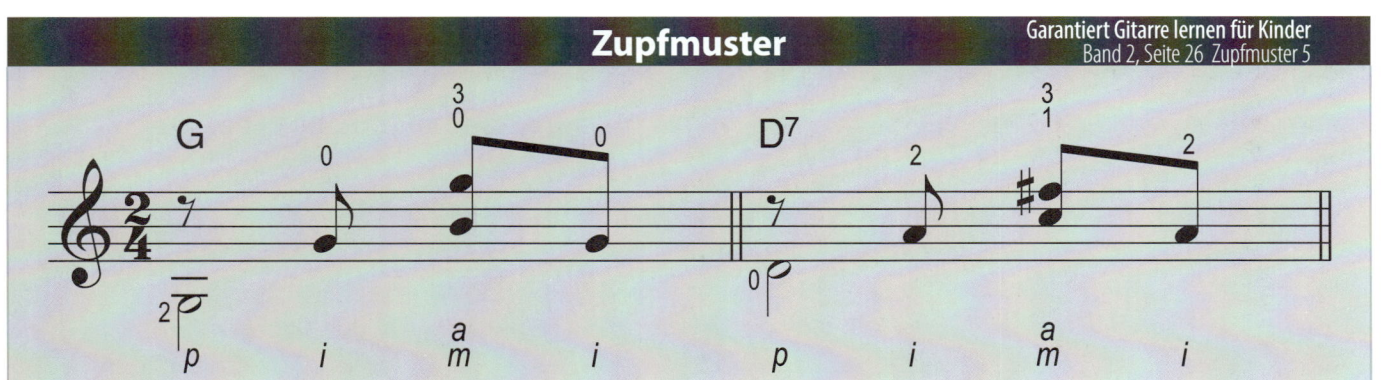

Spielstück 28

Banks of the Ohio

Traditional
Musik & Text: überliefert

Garantiert Gitarre lernen für Kinder
Melodie: Band 2, Seite 46: Das Dauervorzeichen | **Akkorde:** Band 2, Seite 55: Der A-Dur-Akkord

Strophe 1

I asked my love, to take a walk, (D ... A)
to take a walk, just a little walk, (A ... D)
down beside, where the waters flow, (D ... G)
down by the banks   of the Ohio. (G D A D)

Strophe 2

And only say that you'll be mine, (D ... A)
in no others arms entwine, (A ... D)
down beside, where the waters flow, (D ... G)
down by the banks   of the Ohio. (G D A D)

Strophe 3

I held a knife against her breast, (D ... A)
and into my arms she pressed, (A ... D)
she cried, «Oh Willie, don't murder me (D ... G)
I'm not prepared   for eternity.» (G D A D)

Strophe 4

And only say that you'll be mine, (D ... A)
in no others arms entwine, (A ... D)
down beside, where the waters flow, (D ... G)
down by the banks   of the Ohio. (G D A D)

Strophe 5

```
        D                        A
I started home, tween twelve and one,
A                        D
I cried «My God, what have I done?
D                        G
I've killed the only woman I loved
G           D    A        D
because she would   not be my bride.»
```

Strophe 6

```
        D                        A
And only say that you'll be mine,
A                        D
in no others' arms entwine,
D                                G
down beside, where the waters flow,
G           D    A        D
down by the banks    of the Ohio.
```

Akkorde   **Rhythmus**

Garantiert Gitarre lernen für Kinder
Band 1, Seite 63: Die Achtelnote

D   A   G

1   2 und 3 und 4 und

Zupfmuster

Garantiert Gitarre lernen für Kinder
Band 2, Seite 10 Begleitrhythmus 1

D   A   G

Spielstück

29 Aura Lee

Musik: George R. Poulton (1828–1867)
Text: William W. Fosdick (1825–1862)

Garantiert Gitarre lernen für Kinder
Melodie: Band 2, Seite 46: Das Dauervorzeichen | **Akkorde:** Band 2, Seite 65: Der E-Dur-Akkord

Strophe

As the black-bird in the spring, 'neath the wil-low tree,

sat and piped I heard him sing, sing-ing Au-ra Lee.

Refrain

Au-ra Lee! Au-ra Lee! Maid of gol-den hair.

Sun-shine came a-long with you and swal-lows in the air.

Strophe 1

D   E
As the blackbird in the spring,
A   D
´neath the willow tree,
D   E
sat and piped I heard him sing,
A   D
singing Aura Lee.

Refrain

D   A   D
Aura Lee! Aura Lee! Maid of golden hair.
D   E
Sunshine came along with you
A   D
and swallows in the air.

Strophe 2

D   E
On her cheek the rose was born,
A   D
and music when she spoke.
D   E
In her eyes the race of morn,
A   D
with sudden splendor break.

Refrain

D   A   D
Aura Lee! Aura Lee! Maid of golden hair.
D   E
Sunshine came along with you
A   D
and swallows in the air.

Strophe 3

D　　　　　　　E
In her blush the rose was born,
　　　　A　　　　　D
t´was music when she spoke.
D　　　　　　　E
In her eyes the light of morn
A　　　　　　　D
sparkling seemed to break.

Refrain

D　　　　　　A　　　　　　D
Aura Lee! Aura Lee! Maid of golden hair.
D　　　　　E
Sunshine came along with you
A　　　　　　D
and swallows in the air.

Strophe 4

D　　　　　　　E
Aura Lee the bird may flee,
　　　　A　　　　　D
the willow' golden hair.
D　　　　　　　E
Then the wintry winds may be
A　　　　　　D
blowing ev'rywhere.

Refrain

D　　　　　　A　　　　　　D
Aura Lee! Aura Lee! Maid of golden hair.
D　　　　　E
Sunshine came along with you
A　　　　　　D
and swallows in the air.

Akkorde　　　　**Rhythmus**

D　　E　　A

Garantiert Gitarre lernen für Kinder
Band 2, Seite 40: Viertel und Achtel abwechselnd

4/4

1　　2　und　3　　4　und

ONLINE-HÖRBEISPIELE: www.gitarre-fuer-kinder.de

Spielstück
30

Rock in A

Musik: Norbert Roschauer

Garantiert Gitarre lernen für Kinder
Melodie: Band 2, Seite 46: Das Dauervorzeichen | Akkorde: Band 2, Seite 65: Der E-Dur-Akkord

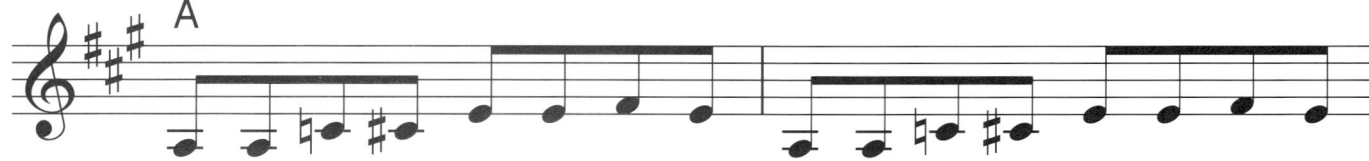

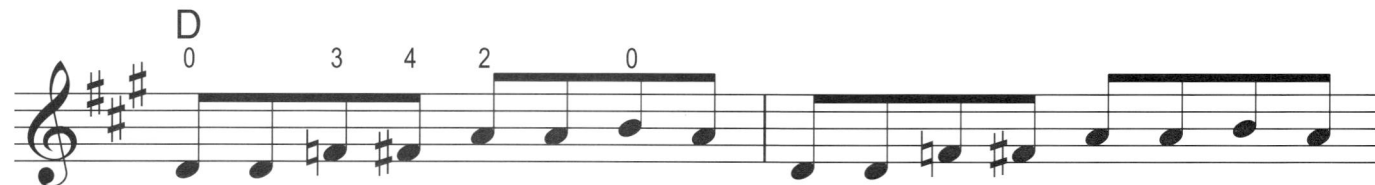

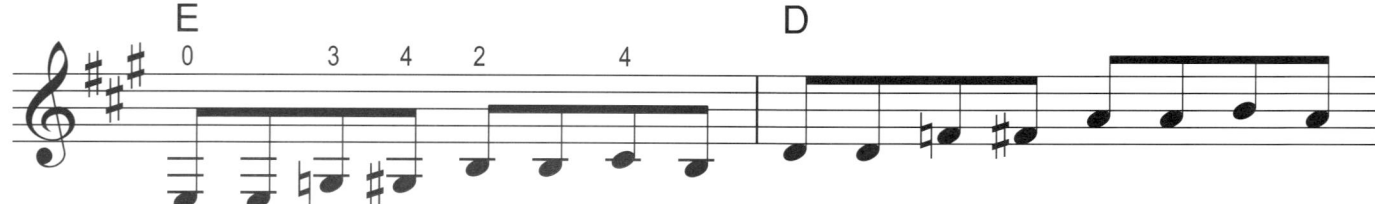

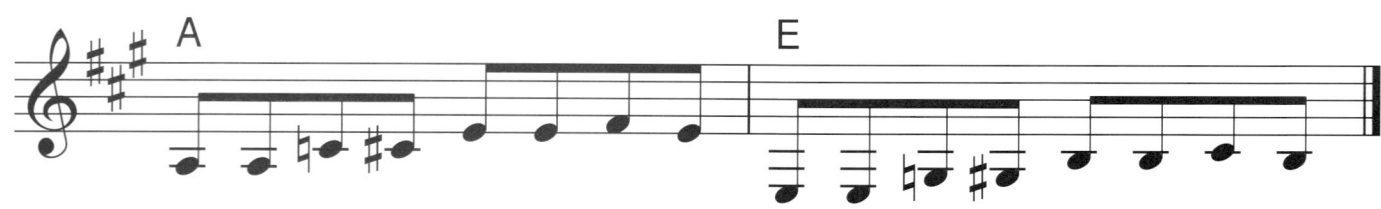

Akkorde

A   D   E

Rhythmus

Garantiert Gitarre lernen für Kinder
Band 1, Seite 63: Die Achtelnote

4/4

1   2   3   4   und

ONLINE-HÖRBEISPIELE: www.gitarre-fuer-kinder.de

Spielstück
31

Grandfather´s Clock

Musik: Henry Clay Work (1832–1884)

Garantiert Gitarre lernen für Kinder
Melodie: Band 2, Seite 46: Das Dauervorzeichen | Akkorde: Band 2, Seite 42: Der vollständige G-Dur-Akkord

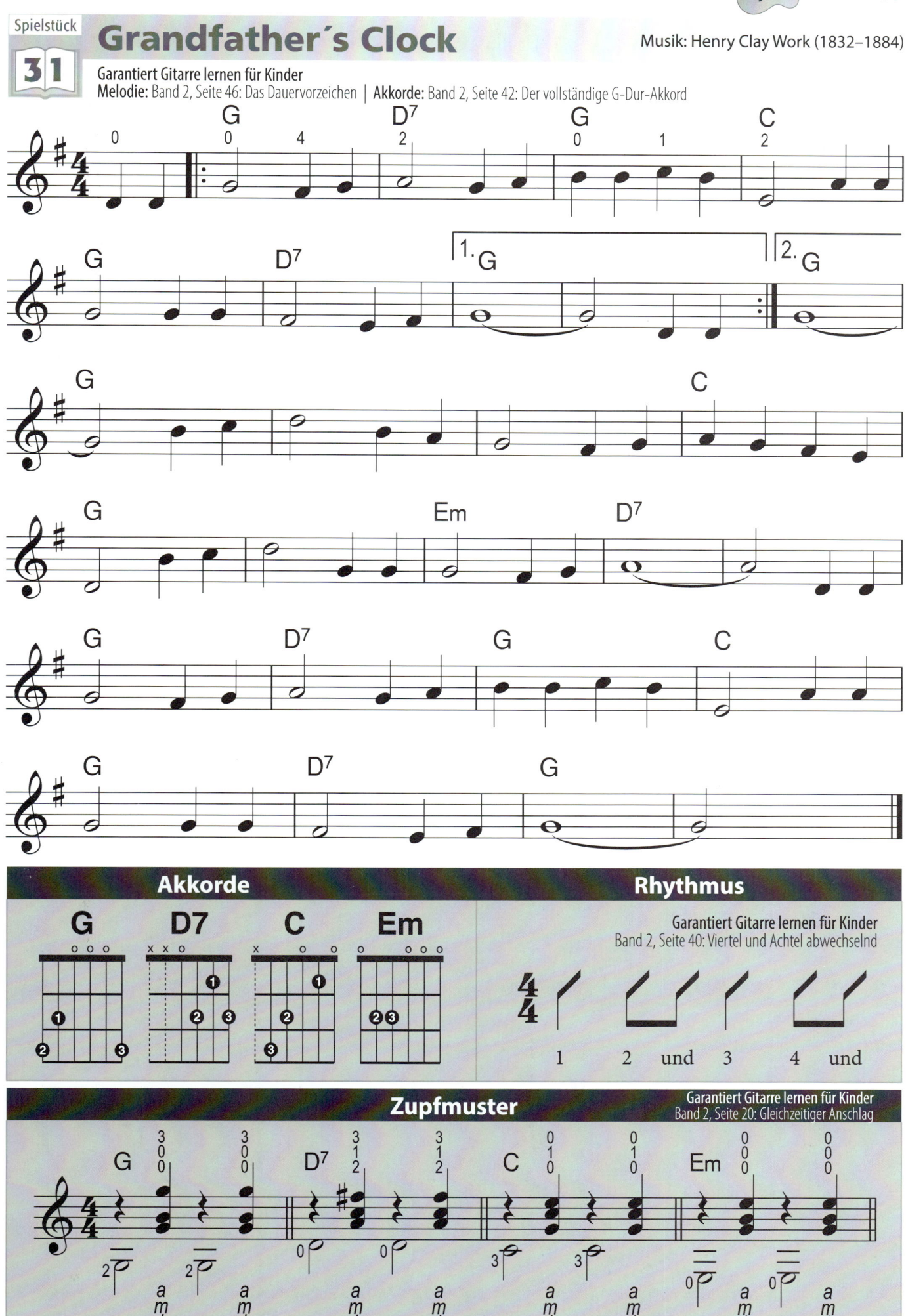

Spielstück
32

Himmel und Erde (Kanon)

Volkslied
Musik & Text: überliefert

Garantiert Gitarre lernen für Kinder
Melodie: Band 2, Seite 68: Die punktierte Viertelnote | **Akkorde:** Band 2, Seite 42: Der vollständige G-Dur-Akkord

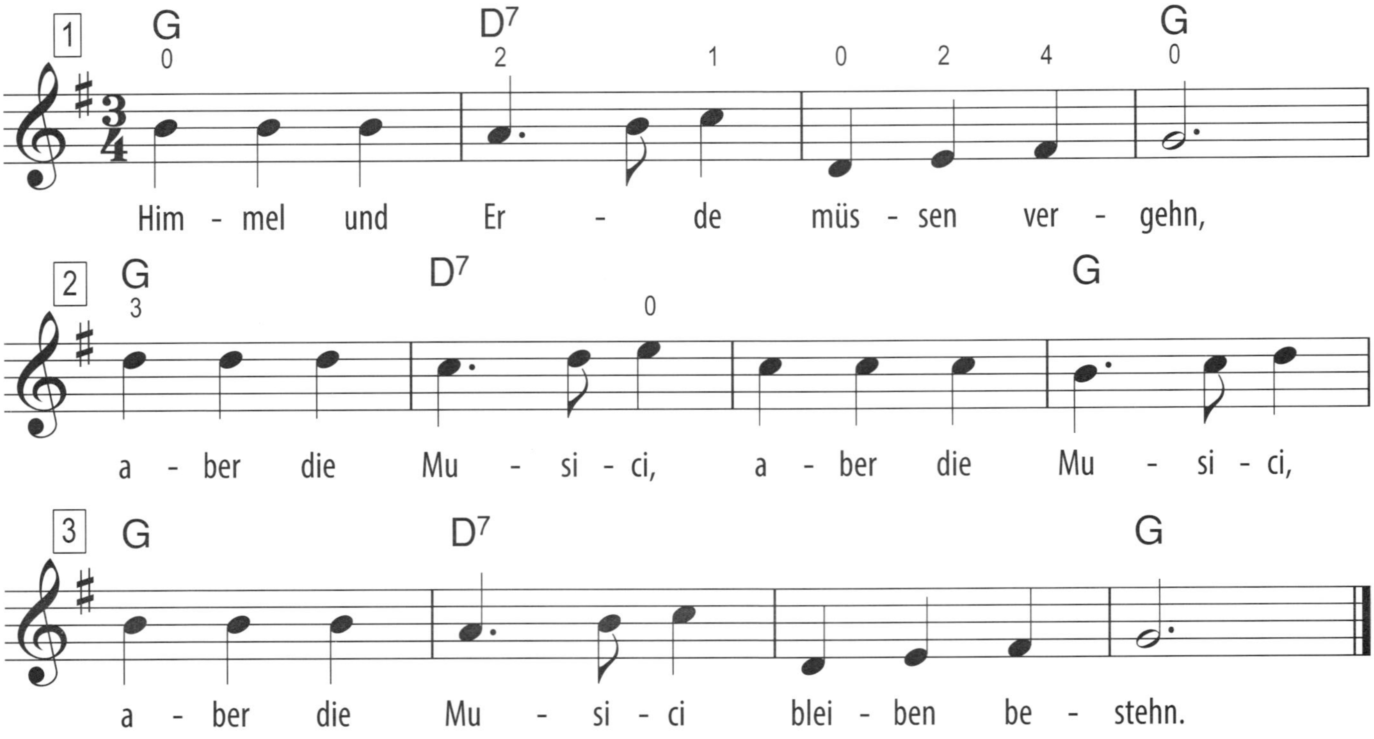

1 G / D⁷ / G
Him - mel und Er - de müs - sen ver - gehn,

2 G / D⁷ / G
a - ber die Mu - si - ci, a - ber die Mu - si - ci,

3 G / D⁷ / G
a - ber die Mu - si - ci blei - ben be - stehn.

G   D⁷   G   G   D⁷   G
Himmel und Erde müssen vergehn,   aber die Musici bleiben bestehn.
G   D⁷   G
aber die Musici, aber die Musici,

Dieses Lied kannst du auch als Kanon spielen.
Spieler 1 beginnt hier 1 . *Spieler 2 beginnt hier* 2 . *Spieler 3 beginnt hier* 3 .

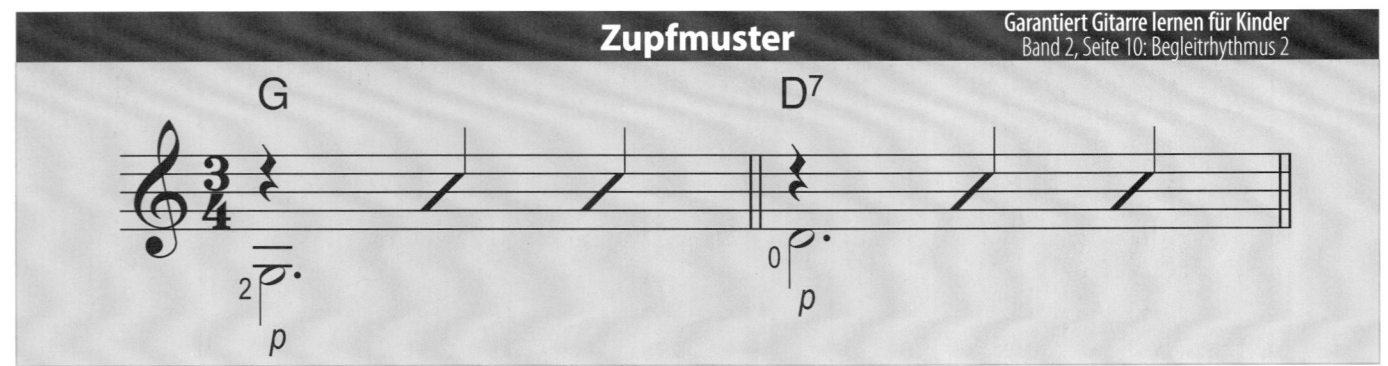

ONLINE-HÖRBEISPIELE: www.gitarre-fuer-kinder.de

Spielstück 33

Alle Vögel sind schon da

Musik: überliefert
Text: Hoffmann von Fallersleben (1798–1874)

Garantiert Gitarre lernen für Kinder
Melodie: Band 2, Seite 68: Die punktierte Viertelnote | Akkorde: Band 2, Seite 65: Der E-Dur-Akkord

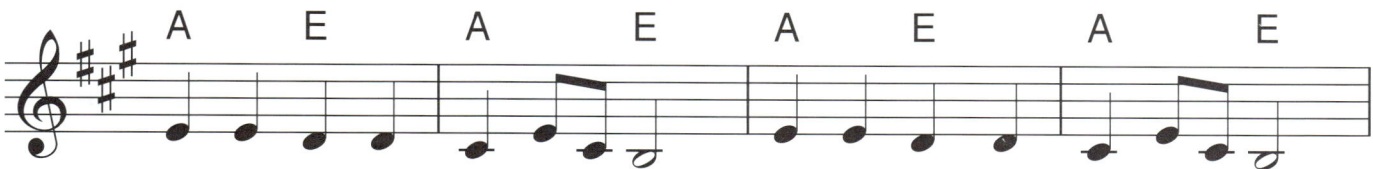

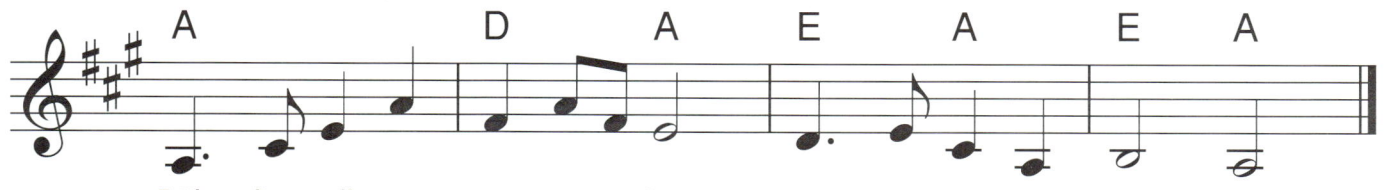

Strophe 1

A   D   A E A   E A
Alle Vögel sind schon da, alle Vögel, alle.
A   E   A   E
Welch ein Singen, Musizieren,
A   E   A E
Pfeifen, Zwitschern, Tiriliern!
A   D   A
Frühling will nun einmarschiern,
E   A   E A
kommt mit Sang und Schalle.

Strophe 2

A   D   A E   A   E A
Wie sie alle lustig sind, flink und froh sich regen!
A   E   A   E
Amsel, Drossel, Fink und Star

A   E   A   E
und die ganze Vogelschar
A   D   A
wünschen dir ein frohes Jahr,
E   A   E A
lauter Heil und Segen.

Strophe 3

A   D   A E   A   E A
Was sie uns verkünden nun, nehmen wir zu Herzen:
A   E   A   E
Wir auch wollen lustig sein,
A   E   A   E
lustig wie die Vögelein,
A   D   A
hier und dort, feldaus, feldein,
E   A   E A
singen, springen, scherzen.

Akkorde

Rhythmus

Garantiert Gitarre lernen für Kinder
Band 1, Seite 63: Die Achtelnote

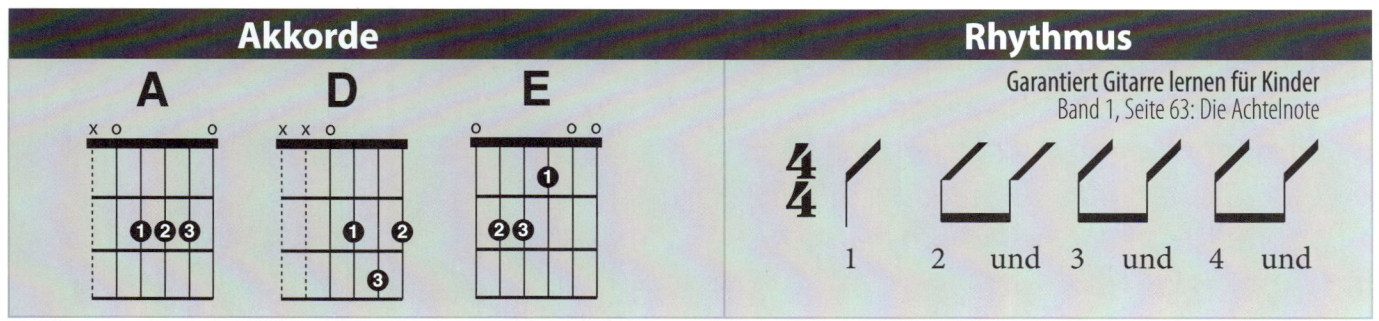

1   2   und   3   und   4   und

Spielstück

34

Das klinget so herrlich

Musik: Wolfgang Amadeus Mozart (1756–1791)
Text: Emanuel Schikaneder (1751–1812)

Garantiert Gitarre lernen für Kinder
Melodie: Band 2, Seite 68: Die punktierte Viertelnote | **Akkorde:** Band 2, Seite 65: Der E-Dur-Akkord

Das— kling-et so herr-lich, das— kling-et so schön! Tra-la
hab ich so et-was ge - hört und ge- sehn!

la - la - la - la - la-la-la - la - la - la-la. Nie—

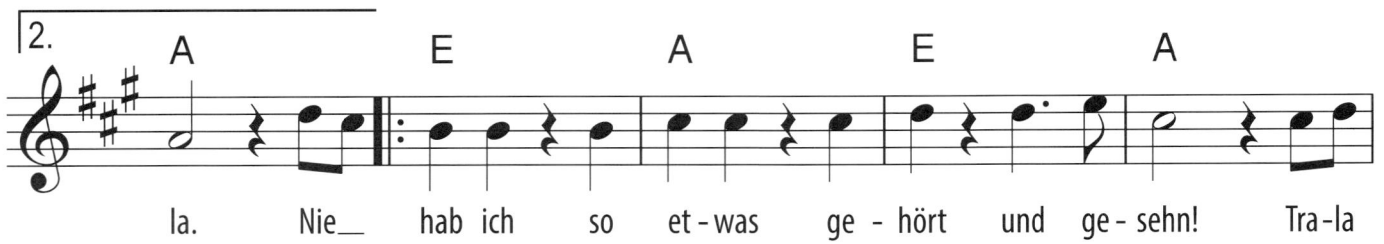

la. Nie— hab ich so et-was ge - hört und ge - sehn! Tra-la

Takt 15

la - la-la - la - la-la-la - la - la-la-la. Nie— la.

In **Takt 15** lernen wir einen neuen Ton. Auf der ersten Hilfslinie über dem Notensystem seht ihr **das hohe „a"**, das im fünften Bund gegriffen wird. Wenn du das hohe „fis" ausnahmsweise mit dem ersten Finger greifst und das hohe „gis" mit dem dritten Finger kannst du den neuen Ton bequemer mit dem vierten Finger greifen.

Neuer Ton A

```
      A    E                    A
Das klinget so herrlich, das klinget so schön!
A            D              A  E  A
Tra - la - la - la - la - la - la - la - la  -  la - la - la.
       A    E                    A
Nie hab ich so etwas gehört und gesehn!
A            D              A  E  A
Tra - la - la - la - la - la - la - la - la  -  la - la - la.
        E        A    E        A
Nie hab ich so etwas gehört und gesehn!
A            D              A  E  A
Tra - la - la - la - la - la - la - la - la  -  la - la - la.
        E        A    E        A
Nie hab ich so etwas gehört und gesehn!
A            D              A  E  A
Tra - la - la - la - la - la - la - la - la  -  la - la - la.
```

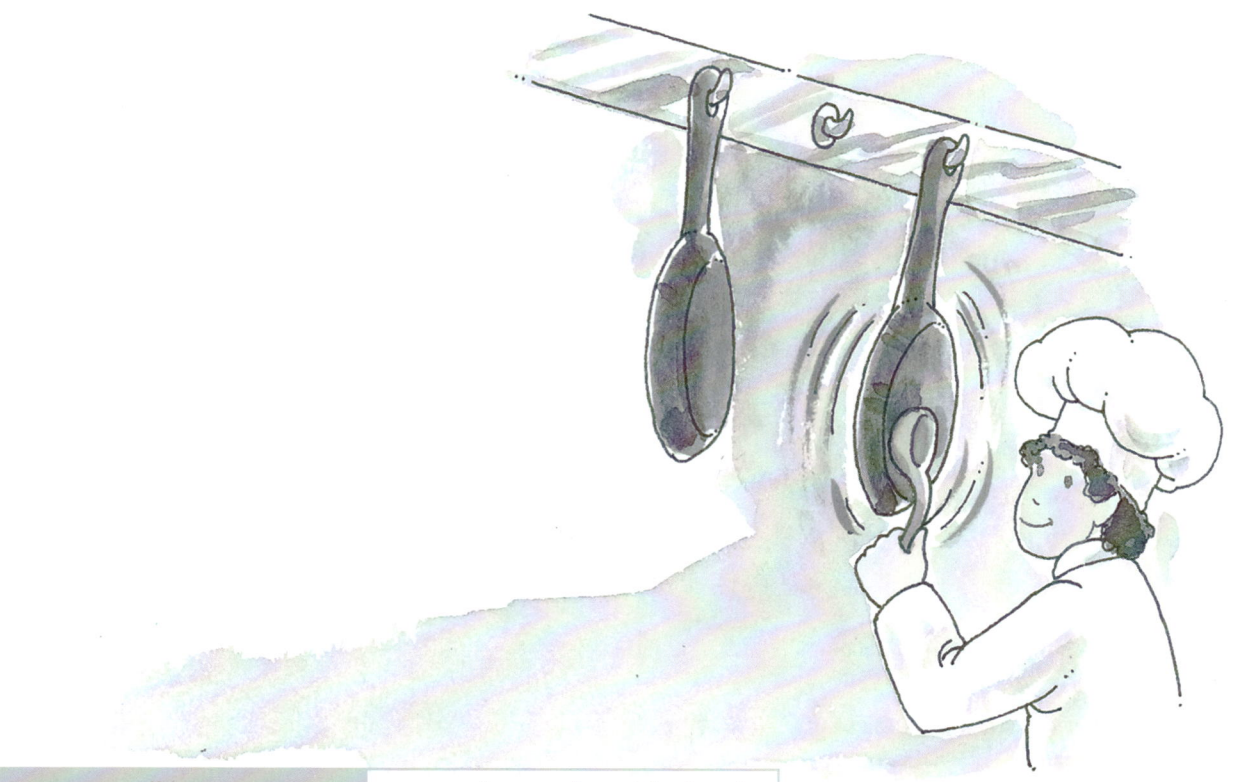

ONLINE-HÖRBEISPIELE: www.gitarre-fuer-kinder.de

Spielstück

35

Volkslied
Musik & Text: überliefert

Schön ist ein Zylinderhut

Garantiert Gitarre lernen für Kinder
Melodie: Band 2, Seite 46: Das Dauervorzeichen | **Akkorde:** Band 2, Seite 55: Der A-Dur-Akkord

Schön ist ein Zy - lin - der - hut, jupp - hei - di, jupp - hei - da,

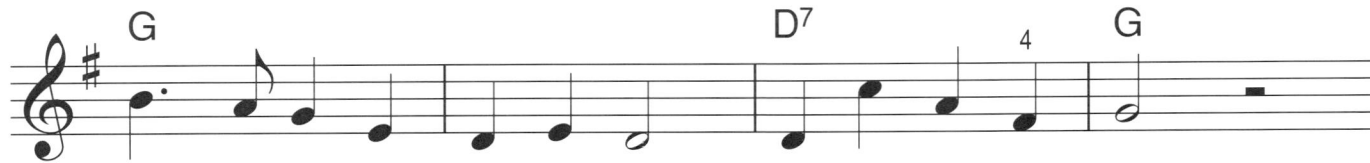

wenn man ihn be - sit - zen tut, jupp - hei - di - hei - da.

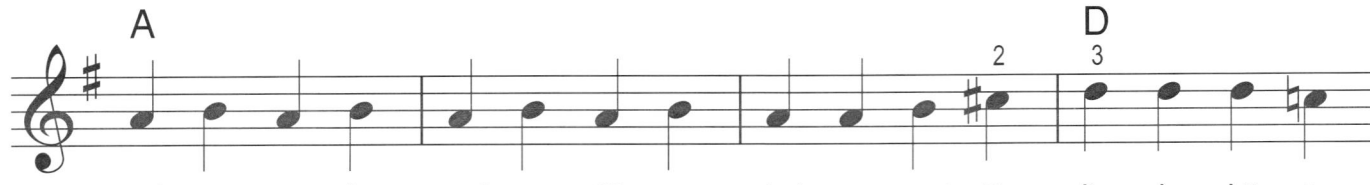

Doch von ganz be - sond - rer Gü - te sind stets zwei Zy - lin - der - hü - te.

Jupp - hei - di und jupp - hei - da, jupp - hei - di, juch - hei - sa - sa.

Jupp - hei - di und jupp - hei - da, jupp - hei - di - hei - da.

Strophe 1

G   D⁷   G
Schön ist ein Zylinderhut, juppheidi, juppheida,
G   D⁷   G
wenn man ihn besitzen tut, juppheidiheida.
A
Doch von ganz besondrer Güte
A   D
sind stets zwei Zylinderhüte.
G   D⁷   G
Juppheidi und juppheida, juppheidi, juchheisasa.
G   D⁷   G
Juppheidi und juppheida, juppheidiheida.

Strophe 2

G   D⁷   G
Hat man der Zylinder drei, juppheidi, juppheida,
G   D⁷   G
hat man einen mehr als zwei, juppheidiheida.
A
Vier Zylinder das sind grad
A   D
zwei Zylinder zum Quadrat.
G   D⁷   G
Juppheidi und juppheida, juppheidi, juchheisasa.
G   D⁷   G
Juppheidi und juppheida, juppheidiheida.

Strophe 3

G   D⁷   G

G   D⁷   G

Fünf Zylinder sind genau, juppheidi, juppheida,

für drei Kinder, Mann und Frau, juppheidiheida.

A

Sechs Zylinder, das ist toll,

A   D

mach'n das halbe Dutzend voll.

G   D⁷   G

Juppheidi und juppheida, juppheidi, juchheisasa.

G   D⁷   G

Juppheidi und juppheida, juppheidiheida.

Strophe 4

G   D⁷   G

Sieben Zylinder sind genug, juppheidi, juppheida,

G   D⁷   G

für 'nen kleinen Leichenzug, juppheidiheida.

A

Hat man der Zylinder acht,

A   D

wird der Pastor auch bedacht.

G   D⁷   G

Juppheidi und juppheida, juppheidi juchheisasa.

G   D⁷   G

Juppheidi und juppheida, juppheidiheida.

Strophe 5

G   D⁷   G

Elf Zylinder, o wie fein, juppheidi, juppheida,

G   D⁷   G

sind zwölf Zylinder minus ein'n, juppheidiheida.

A

Zwölf Zylinder, o wie schön,

A   D

würden den Aposteln steh'n.

G   D⁷   G

Juppheidi und juppheida, juppheidi, juchheisasa.

G   D⁷   G

Juppheidi und juppheida, juppheidiheida.

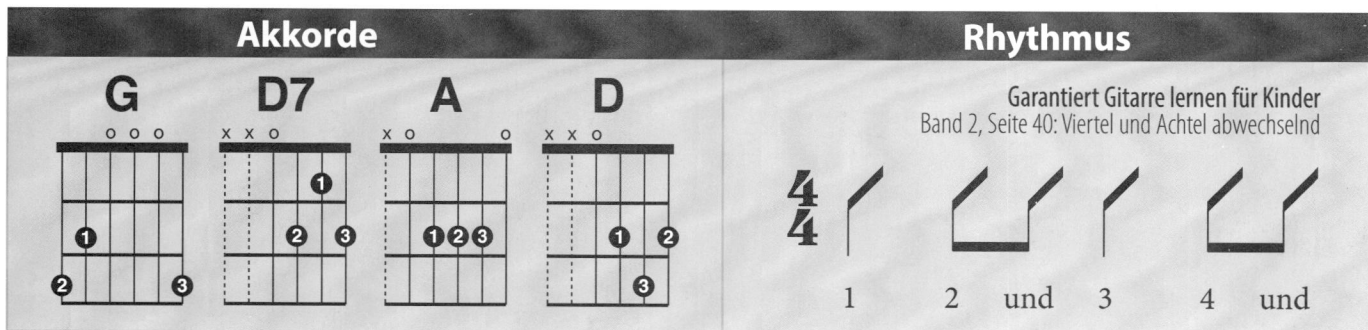

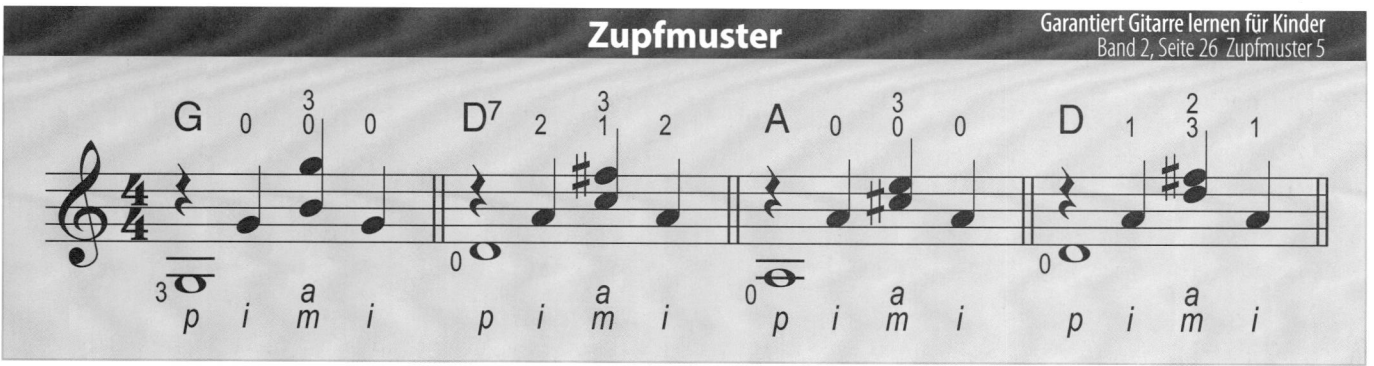

ONLINE-HÖRBEISPIELE: www.gitarre-fuer-kinder.de

Quiz 4

Die Notennamen ergeben das gesuchte Wort. Wenn eine Pause in den Noten steht, befindet sich schon ein Buchstabe in der Lösung. Viel Spaß beim Lösen der Aufgaben! (Lösungen auf www.gitarre-fuer-kinder.de).

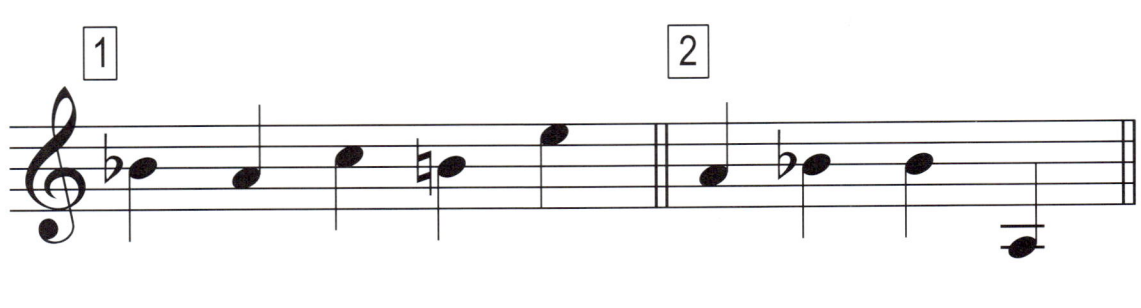

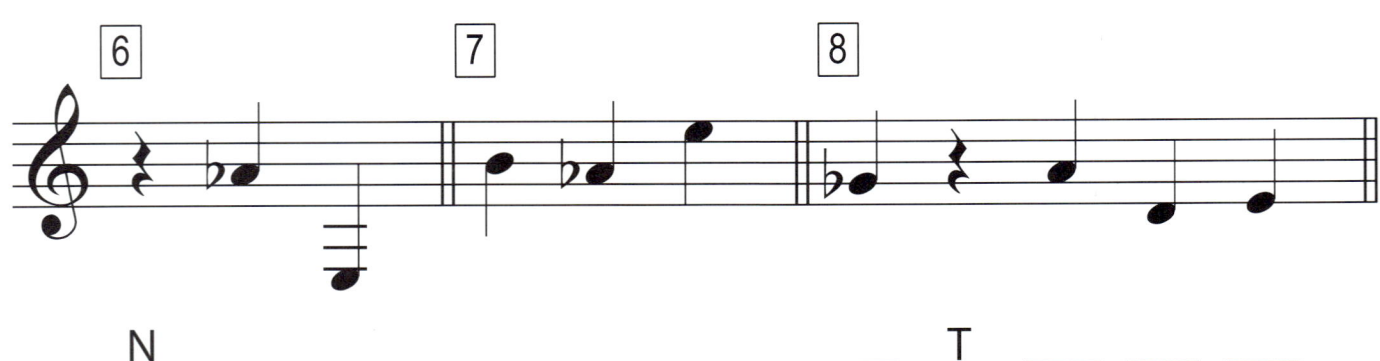

|1| Weibliches Wildschwein |2| Popband |3| Musik mit der Stimme

|4| Griechische Unterwelt |5| Baumart |6| Gesichtserker

|7| Altes Wort für Cousine |8| Altes Wort für Ufer

Das ♭-**Vorzeichen** wird in *Band 2* auf *Seite 74* genau erklärt,
das **Auflösungszeichen** ♮ auf *Seite 80*.

ONLINE-LÖSUNGEN: www.gitarre-fuer-kinder.de

Lieder mit b-Vorzeichen – Solostücke

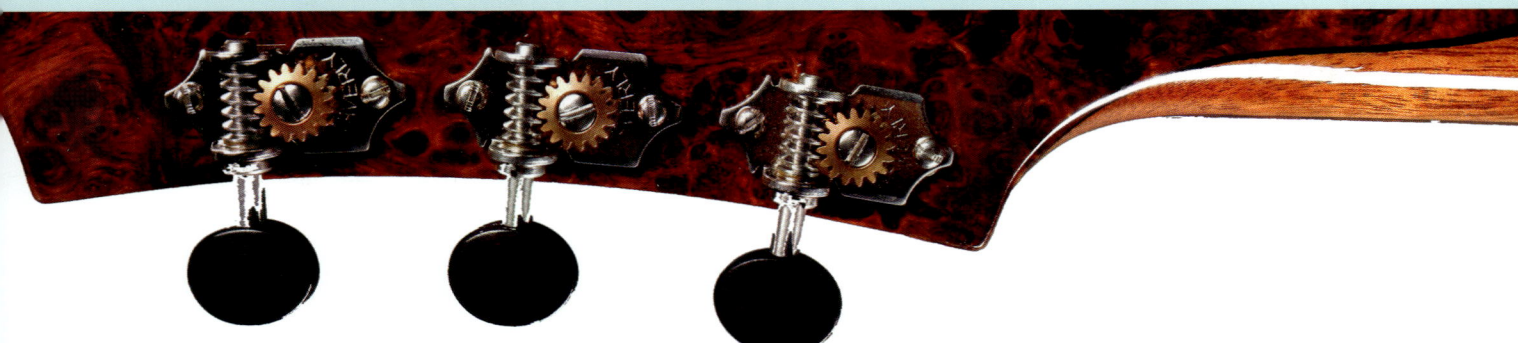

*Die nachfolgenden Lieder stehen in Tonarten mit b-Vorzeichen
wie F-Dur und D-Moll. Bis auf eine Ausnahme handelt es sich nur um Solostücke,
da die Griffe für die Akkordbegleitung in diesen Tonarten noch zu schwer zu greifen sind.*

Spielstück

36

Winde wehn

Garantiert Gitarre lernen für Kinder
Melodie: Band 2, Seite 74: Das ♭-Vorzeichen

Volkslied aus Finnland
Musik & Text: überliefert

Win – de wehn, Schif – fe gehn,

weit ins frem – de Land. Und

des Ma – tro – sen al – ler – lieb – ster Schatz bleibt

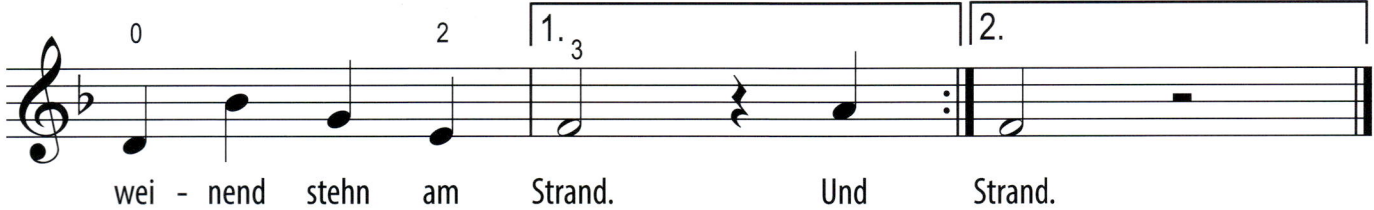

wei – nend stehn am Strand. Und Strand.

Strophe 1

Winde wehn, Schiffe gehn, weit ins fremde Land.
Und des Matrosen allerliebster Schatz
bleibt weinend stehn am Strand.
Und des Matrosen allerliebster Schatz
bleibt weinend stehn am Strand.

Strophe 2

Wein doch nicht, lieb Gesicht, wisch die Tränen ab.
Und denk an mich und an die schöne Zeit,
bis ich dich wieder hab.
Und denk an mich und an die schöne Zeit,
bis ich dich wieder hab.

Strophe 3

Silber und Gold, Kisten voll, bring ich dann mit mir.
Ich bringe Seiden und Sammet-, Sammetzeug,
und alles schenk ich dir.
Ich bringe Seiden und Sammet-, Sammetzeug,
und alles schenk ich dir.

Spielstück 37

Auf der Straße nach Üsküdar (Kâtibim)

Garantiert Gitarre lernen für Kinder
Melodie: Band 2, Seite 74: Das ♭-Vorzeichen

Türkisches Volkslied
Musik & Text: überliefert

Auf der Stra - ße nach Üs - kü - dar weht Wind mir ins Ge - sicht.

Haar, es ist vom Re - gen__ nass, mei-nen Freund, den find ich nicht.

Ach, da kommt er end - lich vor - bei,____ doch

sieht_____ mich_____ gar_____ nicht_____ stehn,

pfeift ge - dan - ken - los____ ein____ fro - hes Lied

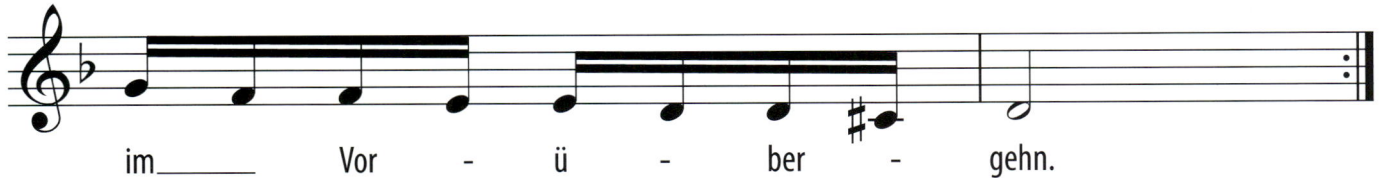

im_____ Vor - ü - ber - gehn.

Strophe

Auf der Straße nach Üsküdar
weht Wind mir ins Gesicht.
Haar, es ist vom Regen nass,
meinen Freund, den find ich nicht.

Refrain

Ach, da kommt er endlich vorbei,
doch sieht mich gar nicht stehn.
Ach, da kommt er endlich vorbei,
doch sieht mich gar nicht stehn,
pfeift gedankenlos ein frohes Lied
im Vorübergehn.

ONLINE-HÖRBEISPIELE: www.gitarre-fuer-kinder.de

Spielstück

38

Rock-Riff in G

Musik: Norbert Roschauer

Garantiert Gitarre lernen für Kinder
Melodie: Band 2, Seite 80: Das Auflösungszeichen | Akkorde: Band 1, Seite 76: Der C-Dur-Akkord über fünf Saiten

Akkorde

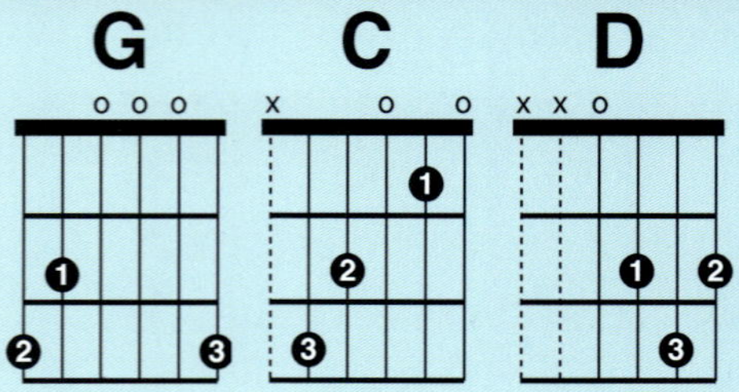

Rhythmus

Garantiert Gitarre lernen für Kinder
Band 2, Seite 40: Viertel und Achtel abwechselnd

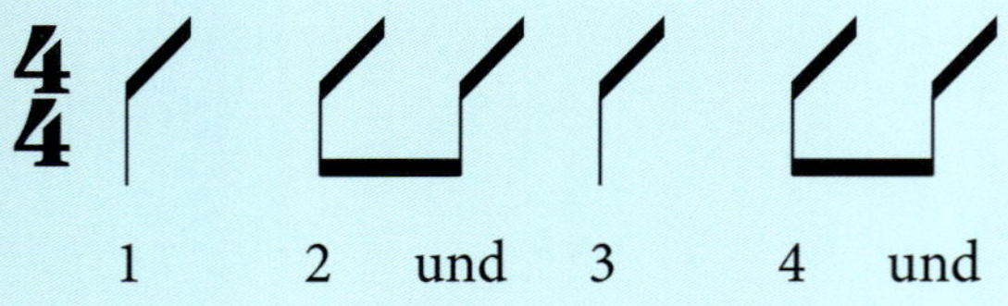

1 2 und 3 4 und

ONLINE-HÖRBEISPIELE: www.gitarre-fuer-kinder.de

Spielstück

Gitarrenschul-Blues

Musik: Norbert Roschauer

39

Garantiert Gitarre lernen für Kinder
Melodie: Band 2, Seite 80: Das Auflösungszeichen

Spielstück

40

Der Mond ist aufgegangen

Garantiert Gitarre lernen für Kinder
Melodie: Band 2, Seite 74: Das ♭-Vorzeichen

Text: Matthias Claudius (1740–1815)
Musik: Johann Abraham Peter Schulz (1747–1800)

Der Mond ist auf - ge - gan - gen, die gold - nen Stern - lein
Der Wald steht schwarz und schwei - get, und aus den Wie - sen

prang - en am Him - mel hell und klar.
stei - get der wei - ße Ne - bel   wun - der - bar.

Strophe 1

Der Mond ist aufgegangen,
die goldnen Sternlein prangen
am Himmel hell und klar.
Der Wald steht schwarz und schweiget,
und aus den Wiesen steiget
der weiße Nebel wunderbar.

Strophe 2

Wie ist die Welt so stille,
und in der Dämmrung Hülle
so traulich und so hold!
Als eine stille Kammer,
wo ihr des Tages Jammer
verschlafen und vergessen sollt.

Strophe 3

Seht ihr den Mond dort stehen?
Er ist nur halb zu sehen
und ist doch rund und schön.
So sind wohl manche Sachen,
die wir getrost belachen,
weil unsre Augen sie nicht sehn.

Strophe 4

Wir stolze Menschenkinder
sind eitel arme Sünder
und wissen gar nicht viel;
Wir spinnen Luftgespinste
und suchen viele Künste
und kommen weiter von dem Ziel.

Strophe 5

Gott, lass uns dein Heil schauen,
auf nichts vergänglich trauen,
nicht Eitelkeit uns freun!
Lass uns einfältig werden
und vor dir hier auf Erden
wie Kinder fromm und fröhlich sein!

Strophe 6

Wollst endlich sonder Grämen
aus dieser Welt uns nehmen
durch einen sanften Tod.
Und wenn du uns genommen,
lass uns in Himmel kommen,
Du lieber treuer frommer Gott!

Strophe 7

So legt euch denn, ihr Brüder,
in Gottes Namen nieder!
Kalt ist der Abendhauch.
Verschon uns Gott mit Strafen
und lass uns ruhig schlafen
und unsern kranken Nachbar auch!

ONLINE-HÖRBEISPIELE: www.gitarre-fuer-kinder.de

Liedbegleitung Spezial

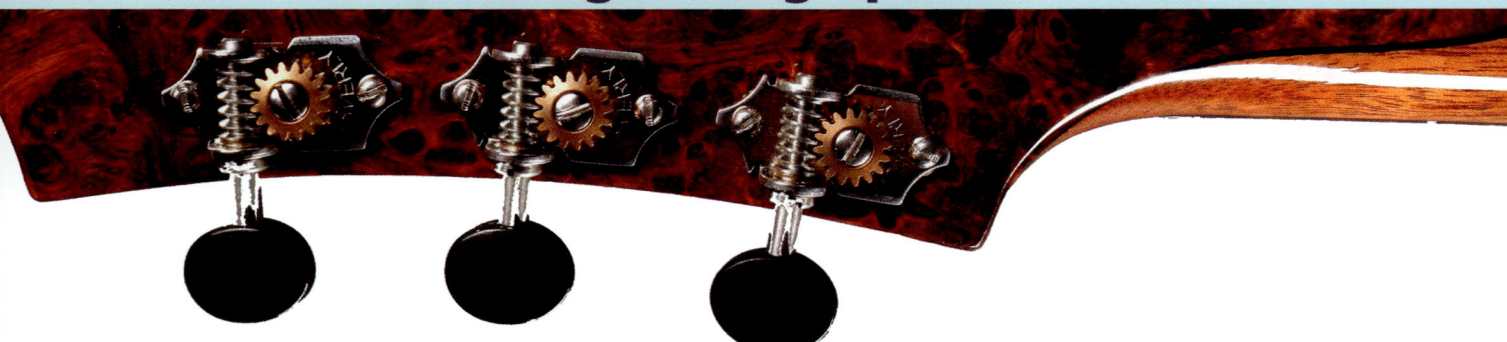

Bei den folgenden Liedern lernen wir einige neue Begleitrhythmen und Akkorde kennen,
die wir bisher noch nicht gelernt haben. Und wer schon richtig fit ist,
kann auch die neuen Zupfmuster ausprobieren.
Die Melodien darfst du selbstverständlich auch spielen!

Schlaflied
Musik & Text: überliefert

Spielstück

Müde bin ich, geh zur Ruh

41

Garantiert Gitarre lernen für Kinder
Melodie: Band 1, Seite 48: Die halbe Note | **Akkorde:** Band 1, Seite 71: Der Am-Akkord über fünf Saiten

Mü - de bin ich, geh zur Ruh, schlie - ße mei - ne Au - gen zu.

Va - ter, lass die Au - gen__ dein ü - ber mein-nem Bet - te sein.

Strophe 1

G   D7   G
Müde bin ich, geh zur Ruh,
G   D7   G
schließe meine Augen zu.
G   C   Am   G
Vater, lass die Augen dein
G   C   D7   G
über meinem Bette sein!

Strophe 2

G   D7   G
Hab ich unrecht heut getan,
G   D7   G
sieh es, lieber Gott, nicht an!
G   C   Am G
Deine Gnad und Jesu Blut
G   C   D7   G
macht ja allen Schaden gut.

Strophe 3

G   D7   G
Fern von mir sei Hass und Neid,
G   D7   G
in mir Lieb und Gütigkeit.
G   C   Am   G
Lass mich Deine Größe schaun,
G   C   D7   G
nur auf Dich, o Gott, vertraun.

Strophe 4

G   D7   G
Alle, die mir sind verwandt,
G   D7   G
Gott, lass ruhn in deiner Hand,
G C   Am   G
Alle Menschen, groß und klein,
G   C   D7   G
sollen dir befohlen sein.

Strophe 5

G   D7   G
Hilf den Armen in der Not,
G   D7   G
sei auch gnädig uns im Tod.
G   C   Am   G
Schenk uns Frieden, bann den Krieg.
G   C   D7 G
Dir gehört der letzte Sieg.

Strophe 6

G   D7   G
Kranken Herzen sende Ruh,
G   D7   G
nasse Augen schließe zu!
G   C   Am   G
Lass den Mond am Himmel stehn
G   C   D7   G
und die stille Welt besehn!

Akkorde	Rhythmus

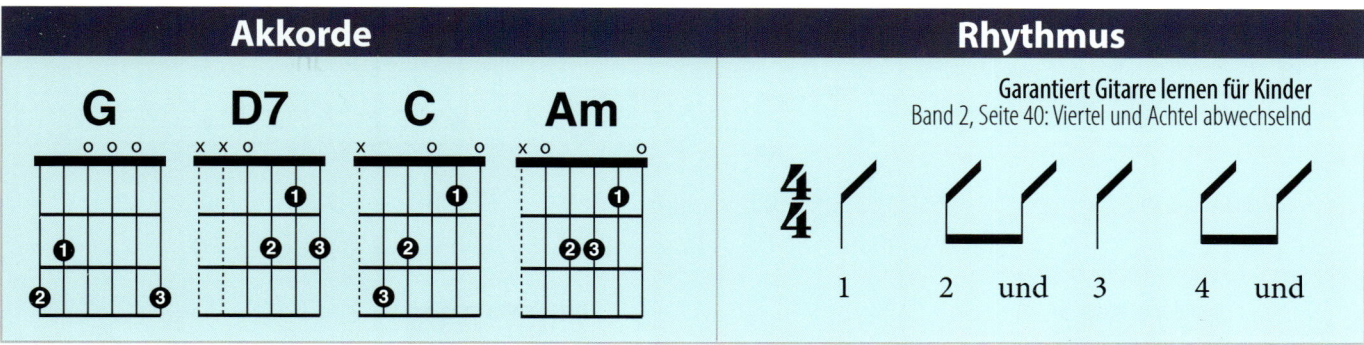

Garantiert Gitarre lernen für Kinder
Band 2, Seite 40: Viertel und Achtel abwechselnd

Neues Zupfmuster — Garantiert Gitarre lernen für Kinder
Band 2, Seite 20: Gleichzeitiger Anschlag

ONLINE-HÖRBEISPIELE: www.gitarre-fuer-kinder.de

Musik & Text: überliefert aus USA
Dt. Text: Tom Pold
© 2019 Alfred Music Publishing GmbH

Spielstück 42

Heute hau'n wir in die Saiten

Garantiert Gitarre lernen für Kinder
Melodie: Band 2, Seite 46: Das Dauervorzeichen | Akkorde: Band 2, Seite 42: Der vollständige G-Dur-Akkord

1. Heu - te hau'n wir in die Sai - ten, spie - len Schrum, Pling, Plong! Heu - te
1. If you're hap - py and you know it, clap your hands. Hip Hop! If you're

hau'n wir in die Sai - ten, spie - len Schrum, Pling, Plong! Mal 'ne
hap - py and you know it, clap your hands. Hip Hop! If you're

ho - he, mal 'ne tie - fe, es er - klin - gen auch mal schie - fe. Heu - te
hap - py and you know it and you real - ly want to show it, if you're

hau'n wir in die Sai - ten, spie - len Schrum, Pling, Plong!
hap - py and you know it, clap your hands. Hip Hop!

Strophe 1

G
Heute hau'n wir in die Saiten,
    D^7
spielen Schrum, Pling, Plong!
D^7
Heute hau'n wir in die Saiten,
    G
spielen Schrum, Pling, Plong!
    C
Mal ne hohe, mal ne tiefe,
  G
es erklingen auch mal schiefe.
    D^7
Heute hau'n wir in die Saiten,
    G
spielen Schrum, Pling, Plong!

Strophe 2

G
Heute hau'n wir in die Saiten,
    D^7
spielen Schrum, Pling, Plong!
D^7
Heute hau'n wir in die Saiten,
    G
spielen Schrum, Pling, Plong!
    C
Schlagen alle mit der Rechten,
  G
greifen links, die Finger ächzen.
    D^7
Heute hau'n wir in die Saiten,
    G
spielen Schrum, Pling, Plong!

Strophe 3

      G
Heute hau'n wir in die Saiten,
      D⁷
spielen Schrum, Pling, Plong!
D⁷
Heute hau'n wir in die Saiten,
      G
spielen Schrum, Pling, Plong!
      C
Zupfen leiser, zupfen lauter,
      G
mancher haut rein wie ein Klabauter.
      D⁷
Heute hau'n wir in die Saiten,
      G
spielen Schrum, Pling, Plong!

Strophe 4

      G
Heute hau'n wir in die Saiten,
      D⁷
spielen Schrum, Pling, Plong!
D⁷
Heute hau'n wir in die Saiten,
      G
spielen Schrum, Pling, Plong!
      C
Mit der Rechten, mit der Linken,
      G
Hallo, Tschö und Winke, Winke.
      D⁷
Heute hau'n wir in die Saiten,
      G
spielen Schrum, Pling, Plong!

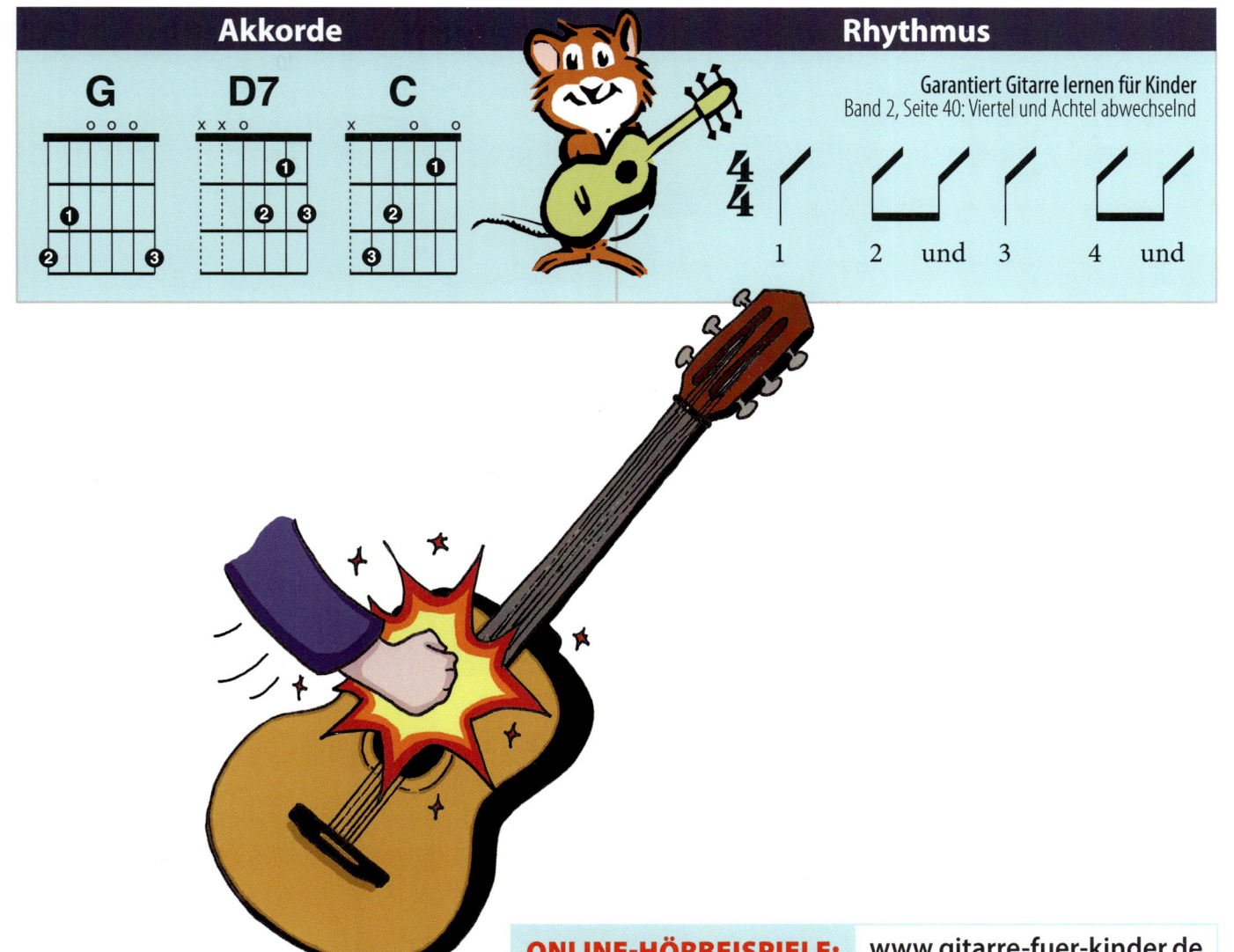

Akkorde · **Rhythmus**

G   D7   C

Garantiert Gitarre lernen für Kinder
Band 2, Seite 40: Viertel und Achtel abwechselnd

4/4   1   2   und   3   4   und

ONLINE-HÖRBEISPIELE: www.gitarre-fuer-kinder.de

Spielstück

43

Grün, grün, grün sind alle meine Kleider

Garantiert Gitarre lernen für Kinder

Musik & Text: überliefert aus dem 19. Jahrhundert

Melodie: Band 2, Seite 60: Der 2/4-Takt | Akkorde: Band 2, Seite 37: Der vollständige Em-Akkord

G D G

Grün, grün, grün sind al – le mei – ne Klei – der,

G D G

grün, grün, grün ist al – les, was ich hab.

G D G

Da – rum___ lieb ich al – les, was___ grün ist,

Em Am D⁷ G

weil mein Schatz ein Jä – ger___ ist.

Strophe 1

G   D   G
Grün, grün, grün sind alle meine Kleider,
G   D   G
grün, grün, grün ist alles, was ich hab.
G   D   G
Darum lieb ich alles, was so grün ist,
Em   Am   D⁷   G
weil mein Schatz ein Jäger ist.

Strophe 2

G   D   G
Rot, rot, rot sind alle meine Kleider,
G   D   G
rot, rot, rot ist alles, was ich hab.
G   D   G
Darum lieb ich alles, was so rot ist,
Em   Am   D⁷   G
weil mein Schatz ein Reiter ist.

Strophe 3

G   D   G
Blau, blau, blau sind alle meine Kleider,
G   D   G
blau, blau, blau ist alles, was ich hab.
G   D   G
Darum lieb ich alles, was so blau ist,
Em   Am   D⁷   G
weil mein Schatz ein Matrose ist.

Strophe 4

G   D   G
Schwarz, schwarz, schwarz sind alle meine Kleider,
G   D   G
schwarz, schwarz, schwarz ist alles, was ich hab.
G   D   G
Darum lieb ich alles, was so schwarz ist,
Em   Am   D⁷   G
weil mein Schatz ein Schornsteinfeger ist.

Strophe 5

```
G          D                    G
Weiß, weiß, weiß sind alle meine Kleider,
G          D                       G
weiß, weiß, weiß ist alles, was ich hab.
G       D                    G
Darum lieb ich alles, was so weiß ist,
Em       Am        D⁷  G
weil mein Schatz ein Müller ist.
```

Strophe 6

```
G          D                    G
Bunt, bunt, bunt sind alle meine Kleider,
G          D                       G
Bunt, bunt, bunt ist alles, was ich hab.
G       D                    G
Darum lieb ich alles, was so bunt ist,
Em       Am        D⁷  G
weil mein Schatz ein Maler ist.
```

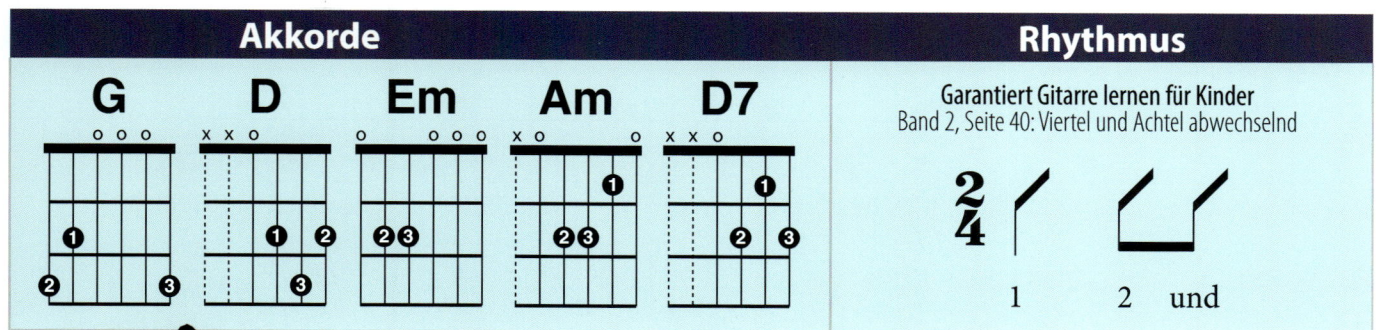

ONLINE-HÖRBEISPIELE: www.gitarre-fuer-kinder.de

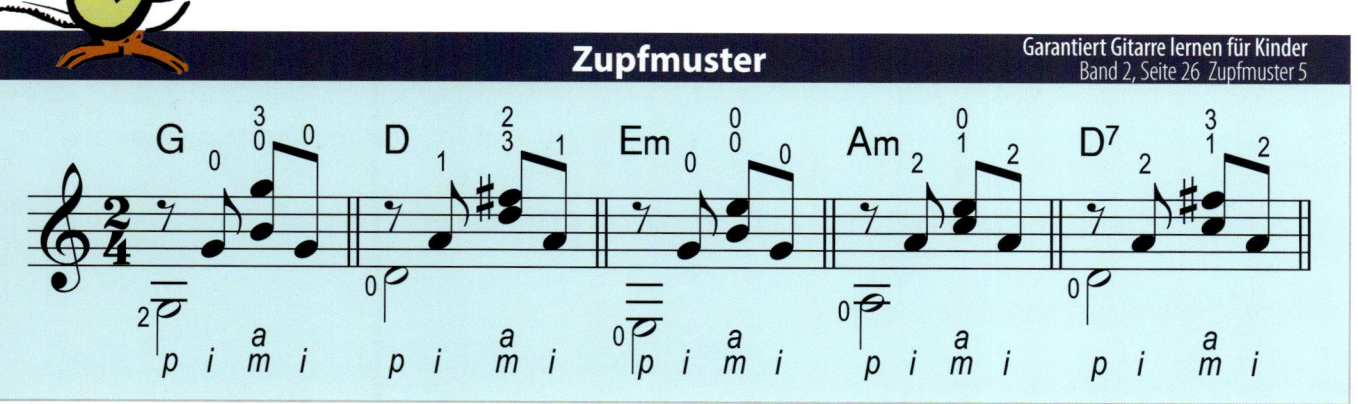

Spielstück

44

Swanee River

Garantiert Gitarre lernen für Kinder
Melodie: Band 2, Seite 68: Die punktierte Viertelnote | Akkorde: Band 2, Seite 65: Der E-Dur-Akkord

Ballade
Musik & Text: Stephen C. Foster (1826–1864)

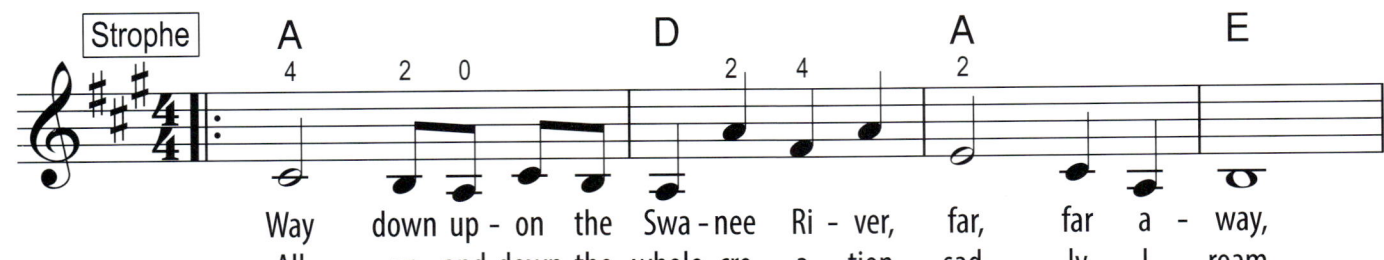

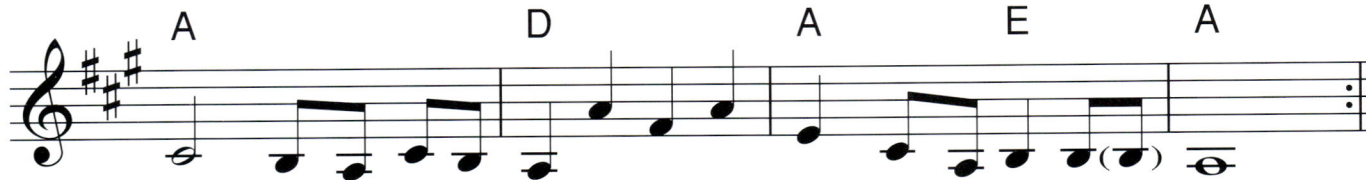

Strophe 1

A   D   A   E
Way down upon the Swanee River, far, far away,
A   D
there's where my heart is turning ever,
A   E   A
there's where the old folks stay.
A   D   A   E
All up and down the whole creation, sadly I roam,
A   D
still longing for the old plantation,
A   E   A
and for the old folks at home.

Refrain

E   A
All the world is sad and dreary,
D   A
ev'rywhere I roam.
A   D
Oh, darkies, how my heart grows weary,
A   D   A
far from the old folks at home.

ONLINE-HÖRBEISPIELE: www.gitarre-fuer-kinder.de

Strophe 2

```
A               D              A          E
```
All round the little farm I wandered, when I was young,
```
A                    D
```
then many happy days I squandered,
```
A        E       A
```
many the songs I sung.
```
A                    D              A          E
```
When I was playing with my brother, happy was I,
```
A                    D
```
oh, take me to my kind old mother,
```
A        E       A
```
there let me live and die.

Refrain

```
E              A
```
All the world is sad and dreary,
```
D          A
```
ev'rywhere I roam.
```
A                    D
```
Oh, darkies, how my heart grows weary,
```
A          D        A
```
far from the old folks at home.

Strophe 3

```
A               D              A          E
```
One little hut among the bushes, one that I love
```
A                    D
```
still sadly to my memory rushes,
```
   A     E       A
```
no matter where I rove.
```
A                    D              A          E
```
When will I see the bees a-humming, all `round the comb?
```
A                    D
```
When will I hear de banjo strumming,
```
A        E       A
```
down in my good old home?

Refrain

```
E              A
```
All the world is sad and dreary,
```
D          A
```
ev'rywhere I roam.
```
A                    D
```
Oh, darkies, how my heart grows weary,
```
A          D        A
```
far from the old folks at home.

Bei diesem Rhythmus spielen wir auf der Zählzeit „3" den Abschlag als Luftschlag.

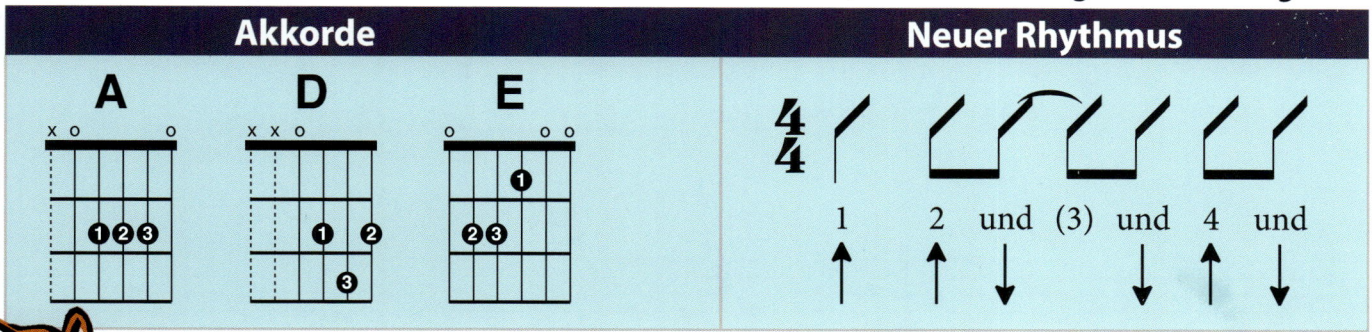

*Bei diesem Zupfmuster spielen wir mit dem Daumen **Wechselbass** und machen „Schrum" mit dem Zeigefinger.*

Folk Song aus den USA
Musik & Text: überliefert

Spielstück

 45

John Brown's Body

Garantiert Gitarre lernen für Kinder
Melodie: Band 2, Seite 68: Die punktierte Viertelnote | Akkorde: Band 2, Seite 37: Der vollständige Em-Akkord

Strophe

John Brown's_ bo-dy lies a-mould'-ring in his grave,

John Brown's bo-dy lies a-mould'-ring in his grave, John Brown's bo-dy lies a-

mould'-ring in his grave and his soul goes march-ing on!

Refrain

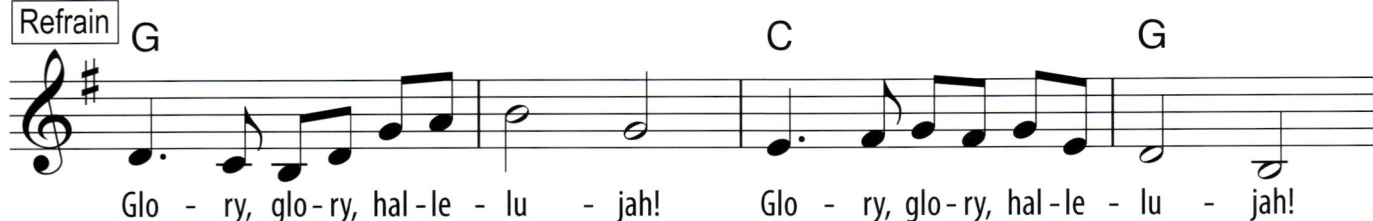

Glo-ry, glo-ry, hal-le-lu-jah! Glo-ry, glo-ry, hal-le-lu-jah!

Glo-ry, glo-ry, hal-le-lu-jah and his soul goes march-ing on.

Strophe 1

G
John Brown's body lies a-mould'ring in his grave,
C   G
John Brown's body lies a-mould'ring in his grave,
G   Em
John Brown's body lies a-mould'ring in his grave,
     Am   D⁷   G
and his soul goes marching on!

Refrain

G
Glory, glory, hallelujah!
C   G
Glory, glory, hallelujah!
G   Em
Glory, glory, hallelujah
     Am   D⁷   G
and his soul goes marching on!

Strophe 2

G
He's gone to be a soldier in the army of the Lord!
    C   G
He's gone to be a soldier in the army of the Lord!
    G   Em
He's gone to be a soldier in the army of the Lord!
      Am   D7   G
And his soul goes marching on!

Refrain   Glory, glory, hallelujah ...

Strophe 3

G
John Brown's knapsack is strapped upon his back,
C   G
John Brown's knapsack is strapped upon his back,
G   Em
John Brown's knapsack is strapped upon his back,
      Am   D7   G
and his soul goes marching on!

Refrain   Glory, glory, hallelujah ...

Strophe 4

His pet lambs will meet him on the way;
His pet lambs will meet him on the way;
His pet lambs will meet him on the way;
They go marching on!

Refrain   Glory, glory, hallelujah ...

Strophe 5

They will hang Jeff Davis to a sour apple tree!
They will hang Jeff Davis to a sour apple tree!
They will hang Jeff Davis to a sour apple tree!
As they march along!

Refrain   Glory, glory, hallelujah ...

Strophe 6

Now, three rousing cheers for the Union;
Now, three rousing cheers for the Union;
Now, three rousing cheers for the Union;
As we are marching on!

Refrain   Glory, glory, hallelujah ...

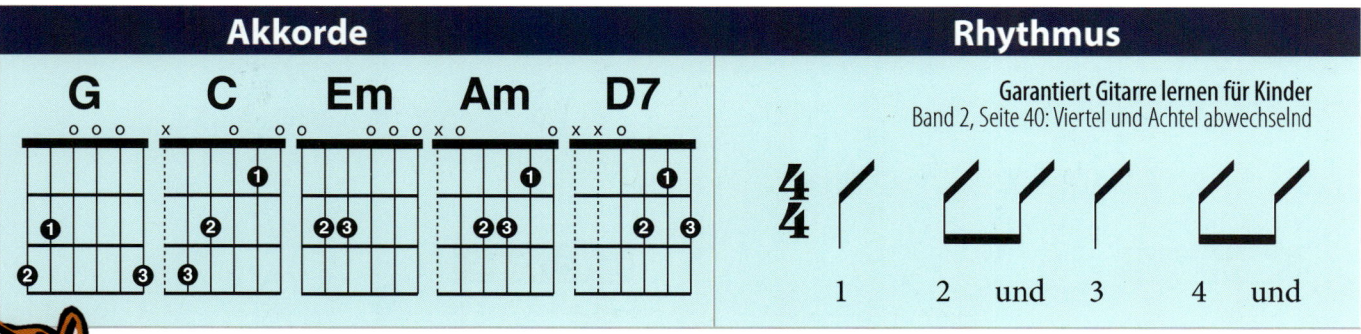

*Bei diesem Zupfmuster spielen wir mit dem Daumen **Wechselbass** und machen Schrum mit dem Zeigefinger.*

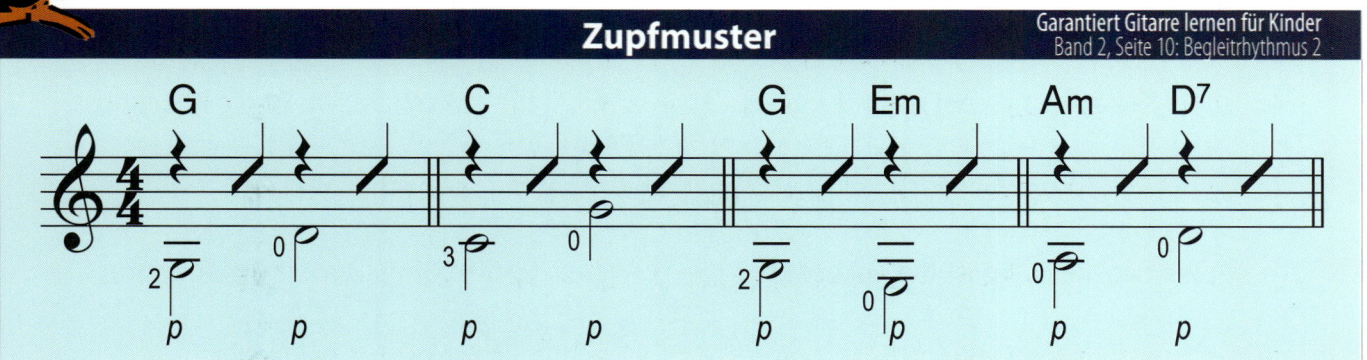

ONLINE-HÖRBEISPIELE: www.gitarre-fuer-kinder.de

Spielstück

46

Die Affen rasen durch den Wald

Spaßlied
Musik & Text: überliefert

Garantiert Gitarre lernen für Kinder
Melodie: Band 2, Seite 80: Das Auflösungszeichen | **Akkorde:** Band 2, Seite 65: Der E-Dur-Akkord

Strophe

Die Af - fen ra - sen durch den Wald,__ der ei - ne macht den

an - dern kalt,__ die gan - ze Af - fen - ban - de brüllt: «Wo ist die

Refrain

Ko - kos - nuss,__ wo ist die Ko - kos - nuss,__ wer hat die

Ko - kos - nuss ge - klaut?»_____ «Wo ist die klaut?»

Strophe 1

A
Die Affen rasen durch den Wald,
A
der eine macht den andern kalt,
A E A
die ganze Affenbande brüllt:

Refrain

D A
«Wo ist die Kokosnuss, wo ist die Kokosnuss,
D E A
wer hat die Kokosnuss geklaut?
D A
Wo ist die Kokosnuss, wo ist die Kokosnuss,
D E A
wer hat die Kokosnuss geklaut?»

Strophe 2

A
Die Affenmama sitzt am Fluss
A
und angelt nach der Kokosnuss.
A E A
Die ganze Affenbande brüllt:

Refrain

D A
«Wo ist die Kokosnuss, wo ist die Kokosnuss,
D E A
wer hat die Kokosnuss geklaut?
D A
Wo ist die Kokosnuss, wo ist die Kokosnuss,
D E A
wer hat die Kokosnuss geklaut?»

Strophe 3

Der Affenonkel, welch ein Graus,
reißt ganze Urwaldbäume aus.
Die ganze Affenbande brüllt:

Refrain «Wo ist die Kokosnuss ... »

Strophe 4

Die Affentante kommt von fern
sie isst die Kokosnuss so gern.
Die ganze Affenbande brüllt:

Refrain «Wo ist die Kokosnuss ... »

Strophe 5

Der Affenmilchmann, dieser Knilch,
der wartet auf die Kokosmilch.
Die ganze Affenbande brüllt:

Refrain «Wo ist die Kokosnuss ... »

Strophe 6

Das Affenbaby voll Genuss
hält in der Hand die Kokosnuss.
Die ganze Affenbande brüllt:

Refrain «Wo ist die Kokosnuss ... »

Strophe 7

Die Affenoma schreit: «Hurra!
Die Kokosnuss ist wieder da!»
Die ganze Affenbande brüllt:

Refrain «Wo ist die Kokosnuss ... »

Strophe 8

Und die Moral von der Geschicht:
Klaut keine Kokosnüsse nicht,
weil sonst die ganze Bande brüllt:

Refrain «Wo ist die Kokosnuss ... »

ONLINE-HÖRBEISPIELE: www.gitarre-fuer-kinder.de

Spritual aus den USA
Musik & Text: überliefert

Spielstück

47

Go Down Moses

Garantiert Gitarre lernen für Kinder
Melodie: Band 2, Seite 46: Das Dauervorzeichen | **Akkorde:** Neu

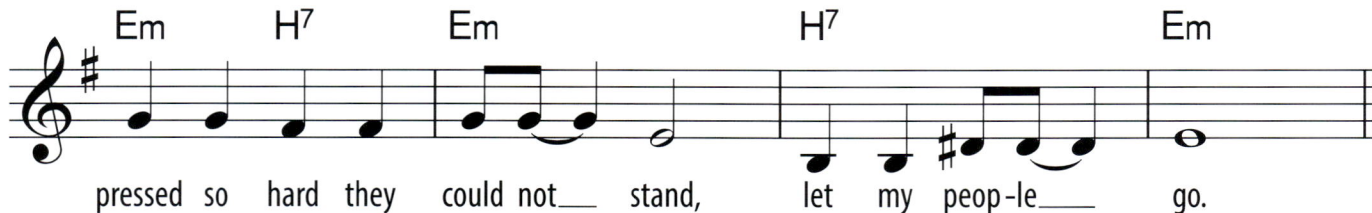

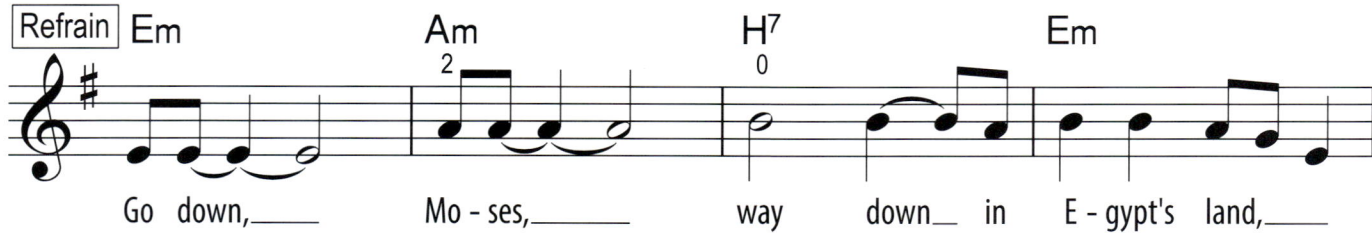

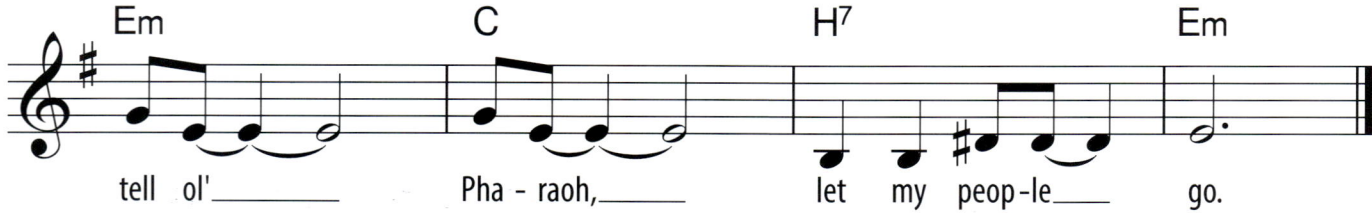

Strophe 1

       Em   H⁷   Em
When Israel was in Egypt's land,
H⁷   Em
let my people go,
    Em   H⁷   Em
oppressed so hard they could not stand,
H⁷   Em
let my people go.

Refrain

Em   Am
Go down, Moses,
H⁷   Em
way down in Egypt's land,
Em C   H⁷   Em
tell ol' Pharaoh, let my people go.

Strophe 2

        Em   H⁷   Em
Thus saith the Lord bold Moses said,
H⁷   Em
let my people go,
    Em   H⁷   Em
if not I'll smite your firstborn dead,
H⁷   Em
let my people go.

Refrain

Em   Am
Go down, Moses,
H⁷   Em
way down in Egypt's land,
Em C   H⁷   Em
tell ol' Pharaoh, let my people go.

Strophe 3

Em   H⁷   Em
No more shall they in bondage toil,
H⁷   Em
let my people go,
Em   H⁷   Em
let them come out with Egypt's spoil,
H⁷   Em
let my people go.

Refrain

Em   Am
Go down, Moses,
H⁷   Em
way down in Egypt's land,
Em C   H⁷   Em
tell ol' Pharaoh, let my people go.

Strophe 4

Em H⁷   Em
O let us all from bondage flee,
H⁷   Em
let my people go,
Em H⁷ Em
and let us all in Christ be free,
H⁷   Em
let my people go.

Refrain

Em   Am
Go down, Moses,
H⁷   Em
way down in Egypt's land,
Em C   H⁷   Em
tell ol' Pharaoh, let my people go.

Neuer Akkord

H7

*Ein neuer Akkord: **H7**!*

Es greifen alle vier Finger:
Zeigefinger: 4. Saite, 1. Bund
Mittelfinger: 5. Saite, 2. Bund
Ringfinger: 3. Saite, 2. Bund
kleiner Finger: 1. Saite, 2. Bund

Akkorde

Em   H7   Am   C

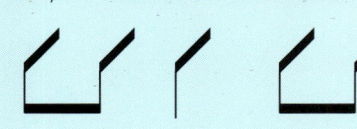

Rhythmus

Garantiert Gitarre lernen für Kinder
Band 2, Seite 40: Viertel und Achtel abwechselnd

4/4   1   2 und 3   4 und

ONLINE-HÖRBEISPIELE: www.gitarre-fuer-kinder.de

Spielstück 48

My Bonnie Is Over the Ocean

Folk Song aus Schottland
Musik & Text: überliefert

Garantiert Gitarre lernen für Kinder
Melodie: Band 2, Seite 46: Das Dauervorzeichen | Akkorde: Neu

Strophe

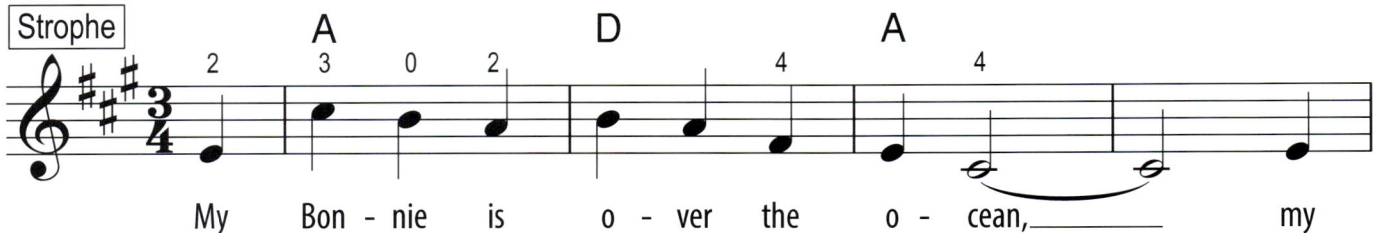

My Bon - nie is o - ver the o - cean,_____ my

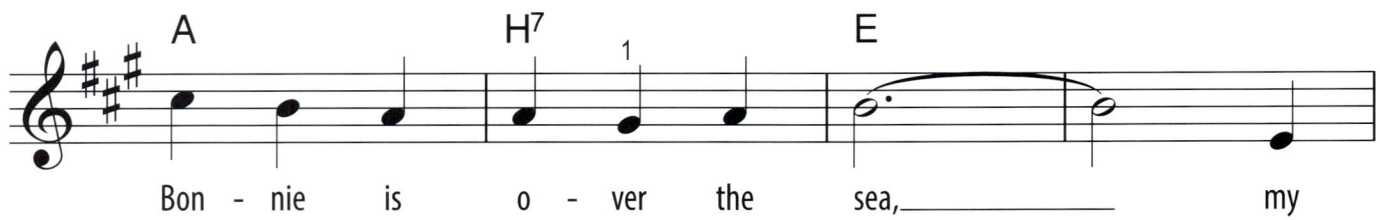

Bon - nie is o - ver the sea,_____ my

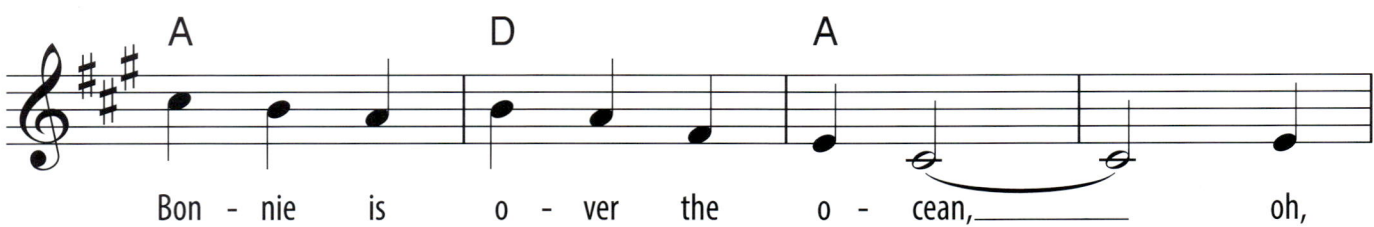

Bon - nie is o - ver the o - cean,_____ oh,

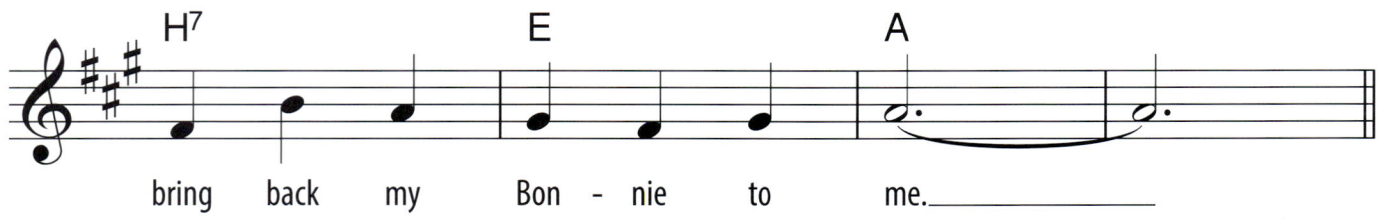

bring back my Bon - nie to me._____

Refrain

Bring back, bring back, oh, bring back my Bon - nie to me, to me,

bring back, bring back, oh, bring back my Bon - nie to me.

Strophe 1

```
    A            D          A
My Bonnie is over the ocean,
    A          H⁷        E
my Bonnie is over the sea,
    A            D          A
my Bonnie is over the ocean,
       H⁷        E        A
oh, bring back my Bonnie to me.
```

Refrain

```
    A            D      H⁷
Bring back, bring back, oh,
E                              A
bring back my Bonnie to me, to me,
    A            D      H⁷
bring back, bring back, oh,
E                          A
bring back my Bonnie to me.
```

Strophe 2

```
       A            D          A
Last night as I lay on my pillow,
        A          H⁷         E
last night as I lay on my bed,
        A            D          A
last night as I lay on my pillow,
   H⁷            E          A
I dreamed my poor Bonnie was dead.
```

Refrain

```
    A            D      H⁷
Bring back, bring back, oh,
E                              A
bring back my Bonnie to me, to me,
    A            D      H⁷
bring back, bring back, oh,
E                          A
bring back my Bonnie to me.
```

Strophe 3

Oh, blow the winds over the ocean,
oh, blow the winds over the sea,
oh, blow the winds over the ocean,
and bring back my Bonnie to me.

Refrain   Bring back, bring back ...

Strophe 4

The winds have blown over the ocean,
the winds have blown over the sea,
the winds have blown over the ocean,
and brought back my Bonnie to me.

Refrain   Bring back, bring back ...

Akkorde — A · D · H7 · E

Rhythmus

Garantiert Gitarre lernen für Kinder
Band 1, Seite 63: Die Achtelnote

3/4   1   2   und   3   und

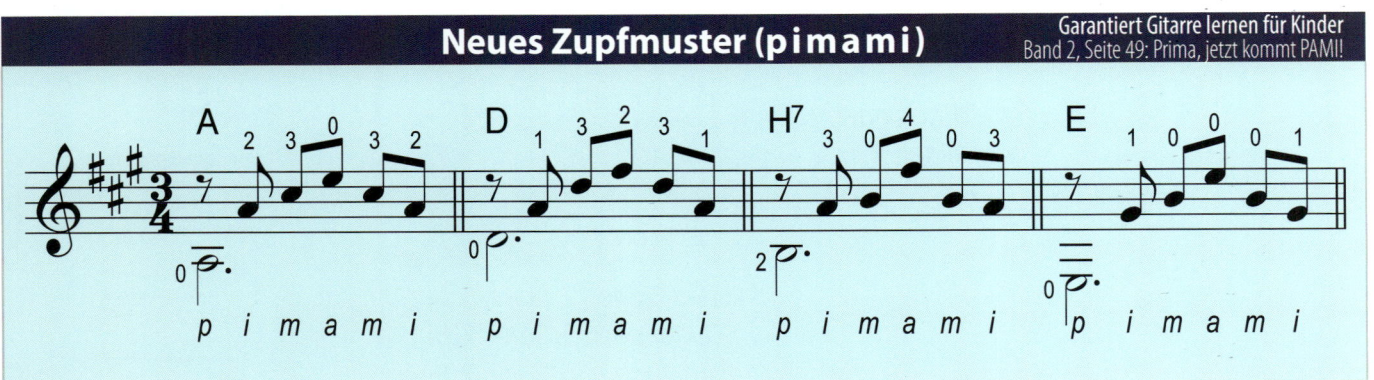

Neues Zupfmuster (p i m a m i)

Garantiert Gitarre lernen für Kinder
Band 2, Seite 49: Prima, jetzt kommt PAMI!

A   D   H⁷   E

p i m a m i   p i m a m i   p i m a m i   p i m a m i

Spielstück

49

El Testament d'Amelia

Volkslied aus Katalonien; Musik: überliefert
Auch bekannt aus Llobets „Canciones Populares Catalanas"

Garantiert Gitarre lernen für Kinder
Melodie: Band 2, Seite 28: Die punktierte halbe Note | Akkorde: Neu

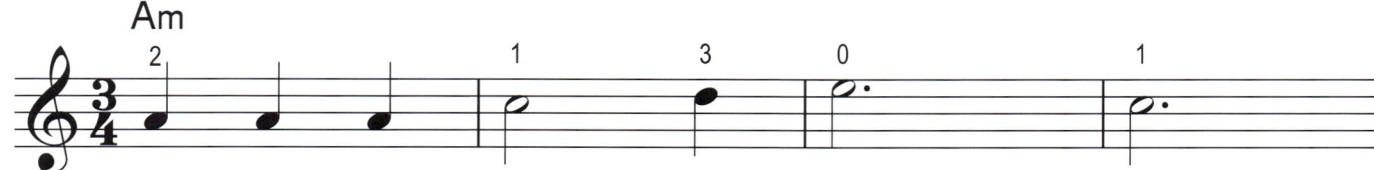

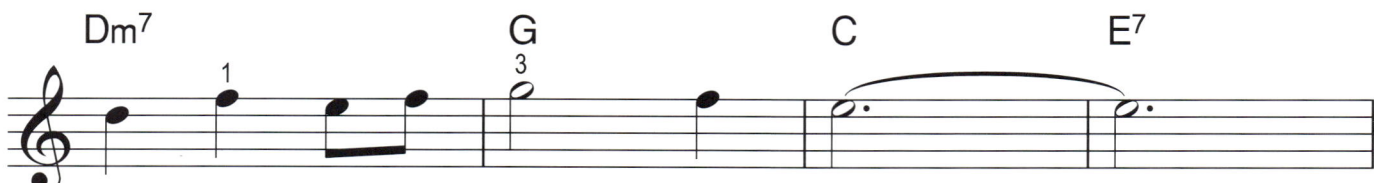

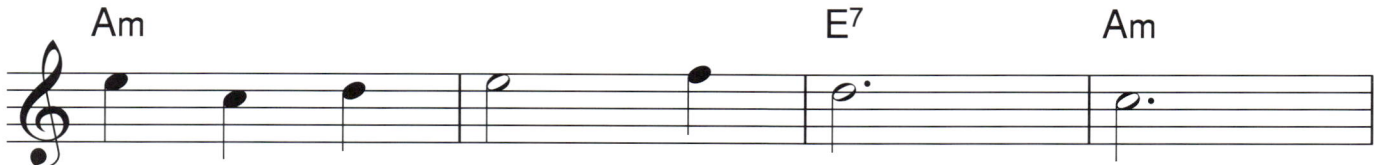

Finde die Takte, in denen Töne mit einem Haltebogen verbunden sind!

Neuer Akkord

Dm7

Greife mit dem
Mittelfinger: 1. Saite, 1. Bund
Zeigefinger: 2. Saite, 1. Bund
Ringfinger: 3. Saite, 2. Bund

Neuer Akkord

E7

Greife mit dem
kleinen Finger: 2. Saite, 3. Bund
Zeigefinger: 3. Saite, 1. Bund
Mittelfinger: 5. Saite, 2. Bund

Akkorde

Am   **Dm7**   **G**   **C**   **E7**

Rhythmus

Garantiert Gitarre lernen für Kinder
Band 1, Seite 63: Die Achtelnote

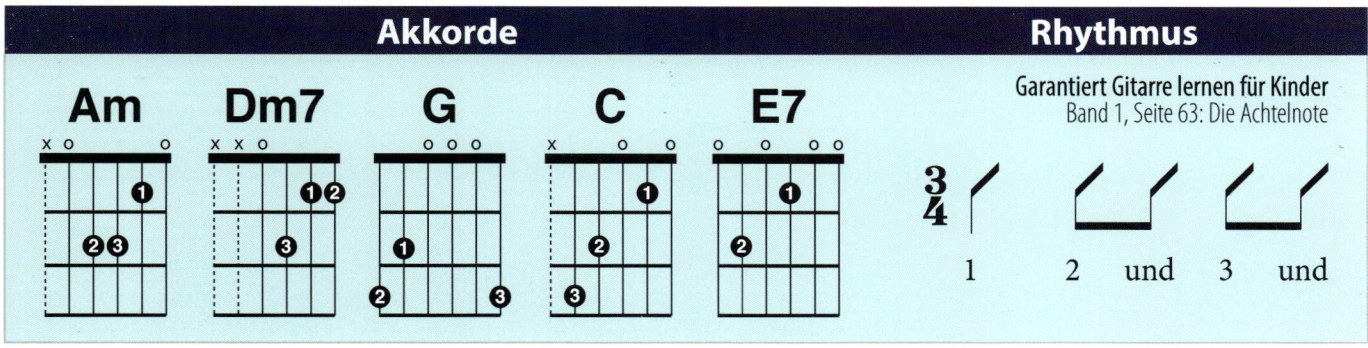

Zupfmuster

Garantiert Gitarre lernen für Kinder
Band 2, Seite 17: Arpeggio mit dem einfachen G7-Akkord

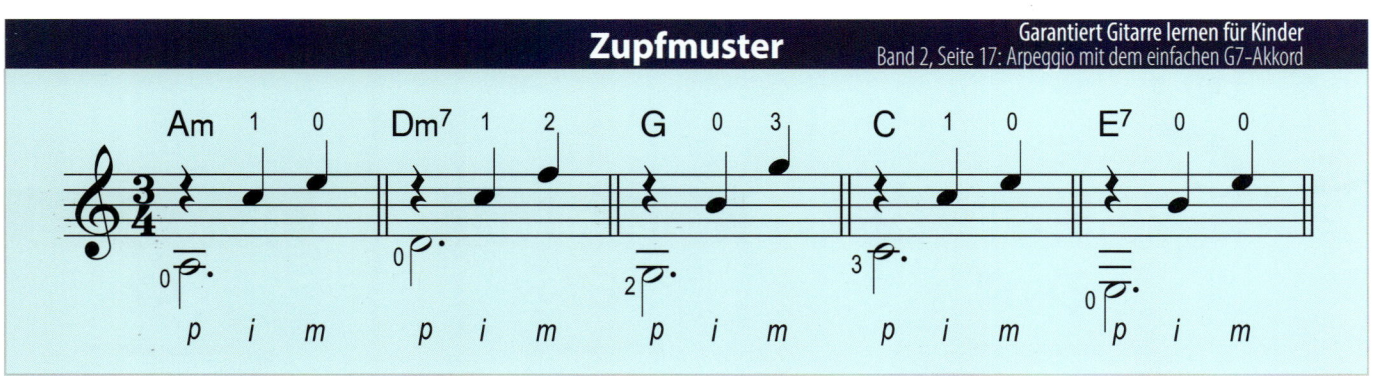

ONLINE-HÖRBEISPIELE: www.gitarre-fuer-kinder.de

Spielstück

Nobody Knows

50

Garantiert Gitarre lernen für Kinder
Melodie: Band 2, Seite 68: Die punktierte Viertelnote | Akkorde: Neu

Spiritual aus den USA
Musik & Text: überliefert

Refrain — C Dm7 C Dm7 C

No-bo-dy knows the trou-ble I've seen, no-bo-dy knows but Je-sus,__

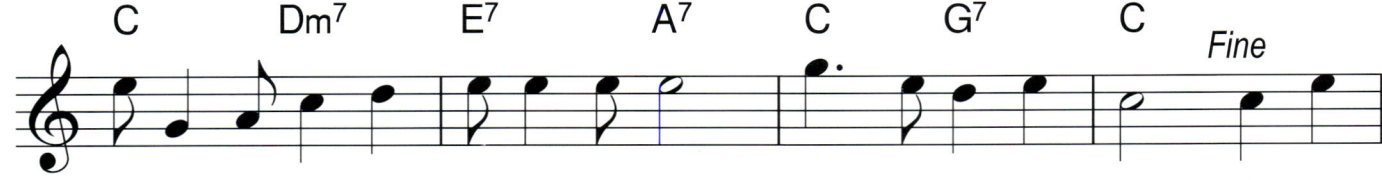

C Dm7 E7 A7 C G7 C *Fine*

no-bo-dy knows the trou-ble I've seen, Glo-ry Hal-le-lu-jah! 1. Some-

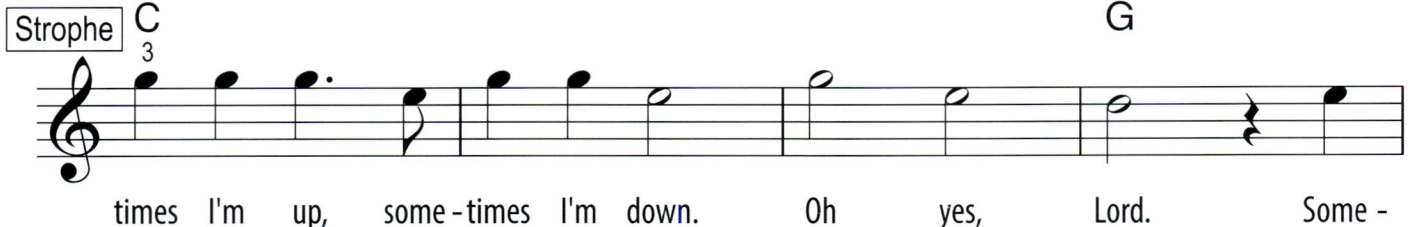

Strophe — C G

times I'm up, some-times I'm down. Oh yes, Lord. Some-

C Am G7 C *D.C. al Fine*

times I'm al-most to the ground.___ Oh yes, Lord.

*Auch hier finden wir wieder das Zeichen „**D.C. al Fine**". Wir fangen also wieder von vorne an und spielen bis zum Wort „**Fine**" am Ende der zweiten Zeile. Im **Band 2** haben wir diese Abkürzung schon auf der Seite 63 kennen gelernt.*

Neuer Akkord
Dm7
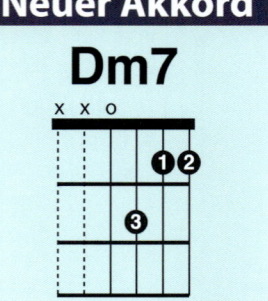

Neuer Akkord
E7

Neuer Akkord
A7

ONLINE-HÖRBEISPIELE: www.gitarre-fuer-kinder.de

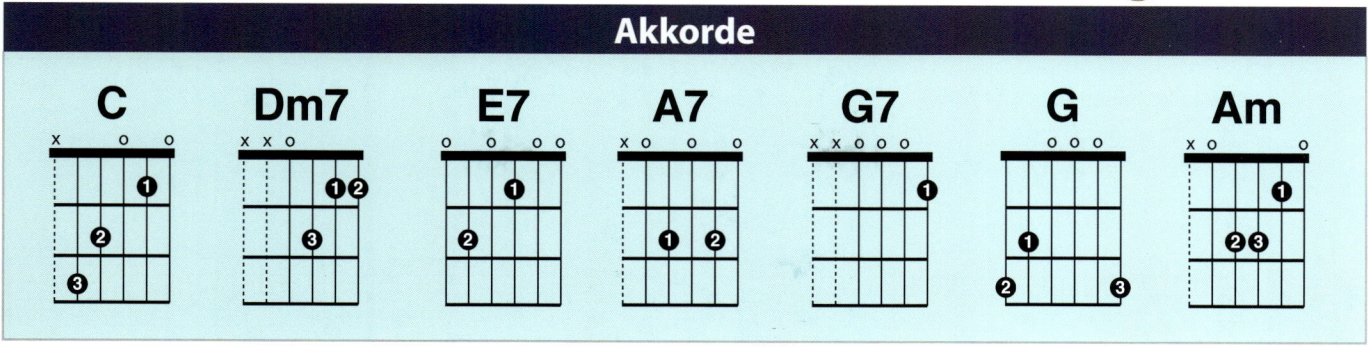

Akkorde

C   Dm7   E7   A7   G7   G   Am

Rhythmus (Refrain)

Garantiert Gitarre lernen für Kinder
Band 1, Seite 63: Die Achtelnote

4/4   1 und 2   3   4

Rhythmus (Strophe)

4/4   1   2   3   4

Refrain

C   Dm⁷   C
Nobody knows the trouble I've seen
C   Dm⁷   C
nobody knows but Jesus,
C   Dm⁷   E⁷   A⁷
nobody knows the trouble I've seen,
C   G⁷   C
Glory, Halle - lu - u - jah!

Strophe 1

        C
Sometimes I'm up, sometimes I'm down.
C   G
Oh yes, Lord.
        C
Sometimes I'm almost to the ground.
Am G⁷ C
Oh yes, Lord.

Refrain

C   Dm⁷   C
Nobody knows the trouble I've seen
C   Dm⁷   C
nobody knows but Jesus,
C   Dm⁷   E⁷   A⁷
nobody knows the trouble I've seen
C   G⁷   C
Glory, Halle - lu - u - jah!

Strophe 2

     C
If you get there before I do.
C   G
Oh yes, Lord.
C
Don't forget to tell all my friends I'm coming too.
Am G⁷ C
Oh yes, Lord.

Refrain

C   Dm⁷   C
Nobody knows the trouble I've seen ...

Strophe 3

     C
Although you see me goin' on so.
C   G
Oh yes, Lord.
     C
I have my trials here below.
Am G⁷ C
Oh yes, Lord.

Refrain

C   Dm⁷   C
Nobody knows the trouble I've seen ...

Spielstück

51

Drink to Me Only (To Celia)

Garantiert Gitarre lernen für Kinder
Melodie: Band 2, Seite 71: Der 6/8-Takt | Akkorde: Neu

Traditional aus England; Musik: überliefert
Orig.-Text: Ben Jonson (1572–1637)
Deutscher Text: Norbert Roschauer

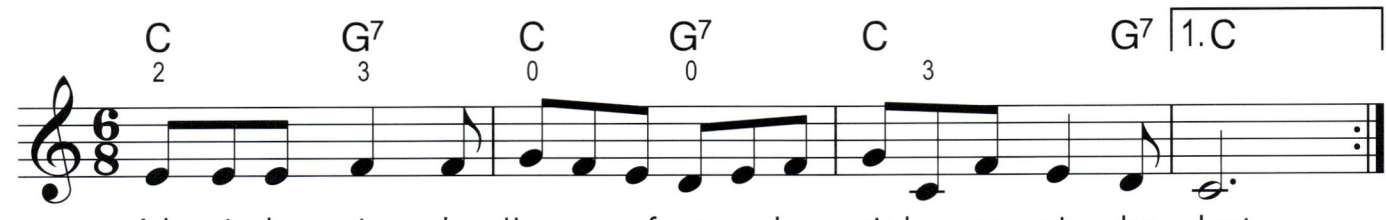

Ach, wie-der vie - le Haus - auf-ga - ben sind es wie - der heut.
Ma - the und Deutsch, auch Eng - lisch ich flei-ßig ü - ben und ler - nen
englisch: Drink to me on - ly with thine eyes, and I will pledge with mine.
Or leave a kiss with - in the cup, and I'll not ask for

sollt. Doch da in der Eck, da steht die Gi - tar - re, die, ja, die üb ich
wine. The thirst that from the soul doth rise, doth ask a drink di -

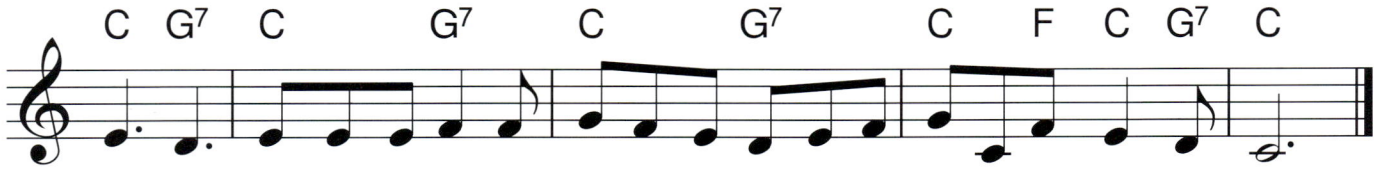

lie - ber. Die Haus-auf-ga - ben, die müs-sen war-ten, die ma-che ich spä - ter.
vine, but might I of Jove's nec - tar sup, I would not change for thine.

Strophe 1

C   G⁷ C   G⁷
Drink to me only with thine eyes,
    C   G⁷ C
and I will pledge with mine.
C   G⁷   C   G⁷
Or leave a kiss within the cup,
    C   G⁷ C
and I'll not ask for wine.
    C G⁷ C   G⁷ C G⁷ C
The thirst that from the soul doth rise,
    F C G⁷   C G⁷
doth ask a drink divine,
C   G⁷   C   G⁷
but might I of Jove's nectar sup,
 C   F C   G⁷ C
I would not change for thine.

Strophe 2

C   G⁷ C   G⁷
I sent thee late a rosy wreath,
    C   G⁷ C
not so much honoring thee.
C   G⁷   C   G⁷
As giving it a hope, that there,
   C   G⁷ C
it could not withered be.
    C G⁷ C G⁷   C G⁷ C
But thou thereon didst only breathe,
    F   C G⁷ C G⁷
and sent'st it back to me,
C   G⁷   C   G⁷
since when it grows, and smells, I swear,
  C F C G⁷ C
not of itself, but thee.

Deutscher Text

C   G⁷   C   G⁷
Ach, wieder viele Hausaufgaben

C   G⁷ C
sind es wieder heut.

C   G⁷   C   G⁷
Mathe und Deutsch, auch Englisch ich fleißig

C   G⁷ C
üben und lernen sollt.

C   G⁷ C G⁷ C   G⁷ C
Doch da in der Eck, da steht die Gitarre,

F C G⁷   C   G⁷
die, ja, die üb ich lieber.

C   G⁷   C   G⁷
Die Hausaufgaben, die müssen warten,

    C F C G⁷ C
die mache ich spä - ter.

In *Takt 8* und *12* spielst du einen neuen Akkord: **F-Dur!** Dein Zeigefinger muss hier zwei Saiten gleichzeitig greifen. Am besten geht das, wenn du deine Fingerkuppe flach auf den beiden Saiten auflegst.

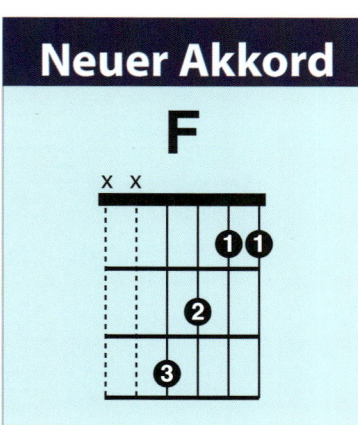

Neuer Akkord

F

Akkorde

C   G7   F

Rhythmus

Garantiert Gitarre lernen für Kinder
Band 2, Seite 71: Der 6/8-Takt

6/8 1 (2) 3 4 (5) 6

ONLINE-HÖRBEISPIELE: www.gitarre-fuer-kinder.de

Musik & Text:
James A. Bland (1854–1911)

Spielstück

52

Carry Me Back to Old Virginny

Garantiert Gitarre lernen für Kinder
Melodie: Band 2, Seite 28: Die punktierte halbe Note | Akkorde: Neu

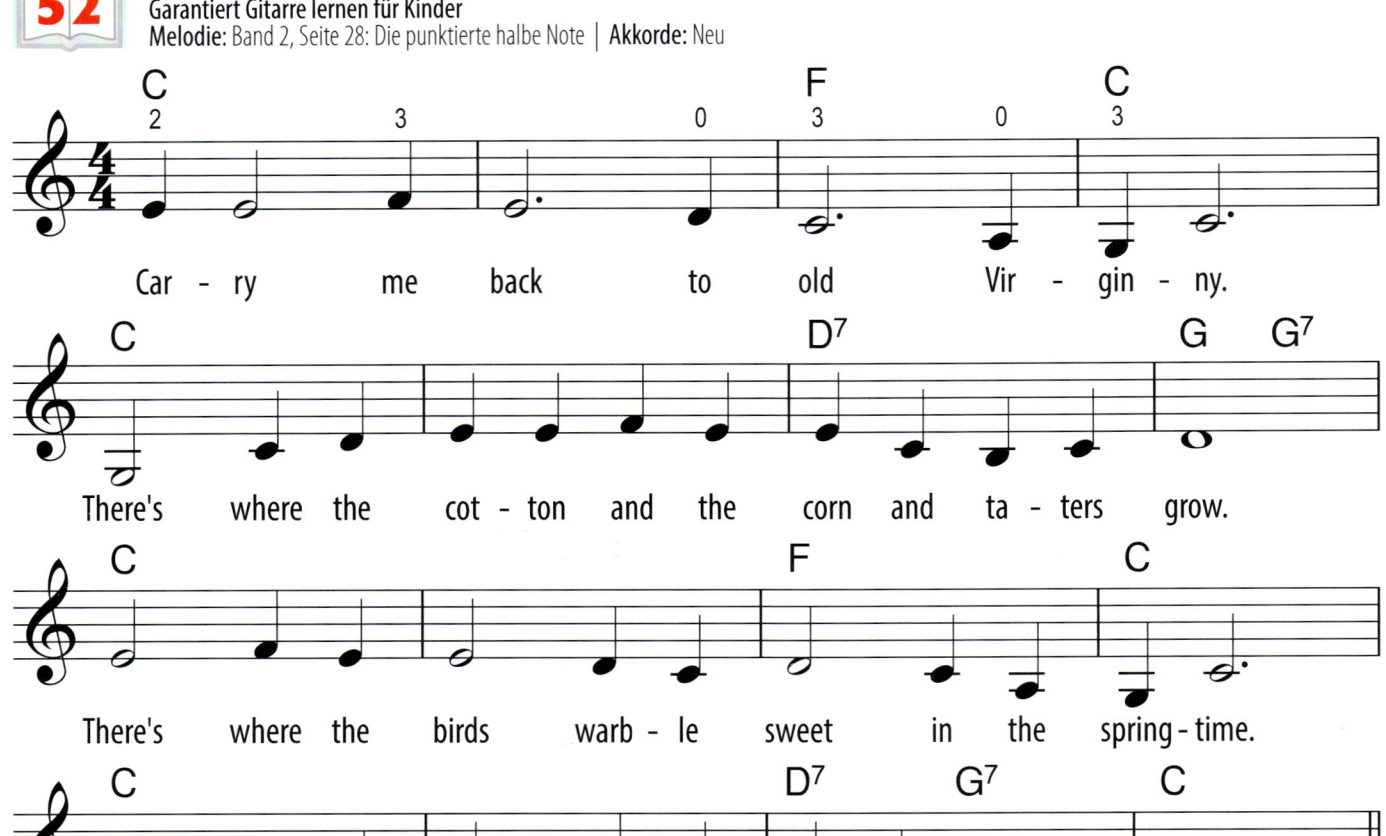

Car - ry me back to old Vir - gin - ny.

There's where the cot - ton and the corn and ta - ters grow.

There's where the birds warb - le sweet in the spring - time.

There's where the old folks are long - ing to go.

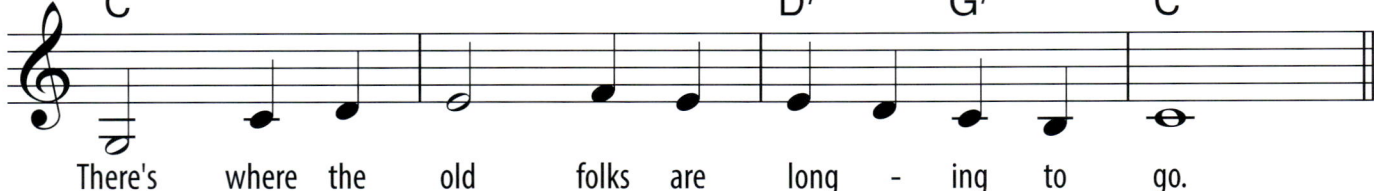

There's where I la - bored so hard all my life - time,

day af - ter day in the field of yel - low corn.

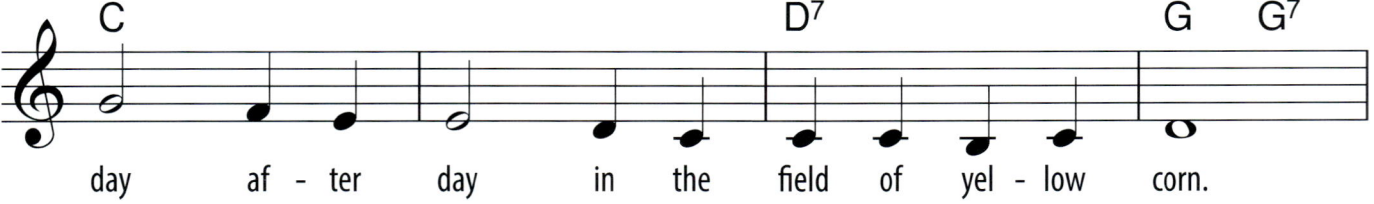

No place on earth do I love more sin - cere - ly

than old Vir - gin - ny, the____ state where I was born.

Strophe 1

```
C                 F      C
Carry me back to old Virginny.
C                          D7           G  G7
There's where the cotton and the corn and taters grow.
C                             F        C
There's where the birds warble sweet in the springtime.
C                    D7  G7    C
There's where the old folks are longing to go.
G                     C
There's where I labored so hard all my lifetime,
C               D7        G  G7
day after day in the field of yellow corn.
C                 F         C
No place on earth do I love more sincerely
C            F  G7         C
than old Virginny, the state where I was born.
```

Strophe 2

```
C                 F      C
Carry me back to old Virginny.
C                 D7      G  G7
There let me live till I wither and decay.
C                 F           C
Long by the old Dismal Swamp have I wandered.
C                        D7 G7   C
There's where this old darkey's life will pass away.
C                 F           C
Massa and Missis have long gone before me.
C                    D7            G  G7
Soon we will meet on that bright and golden shore.
C                        F      C
There we'll be happy and free from all sorrow.
C                 F  G7                C
There's where we'll meet and we'll never part no more.
```

Neuer Akkord

F

*Auch in diesem Stück spielst du den **F-Dur** Akkord. Denke daran, die Fingerkuppe deines Zeigefingers flach auf den beiden Saiten aufzulegen.*

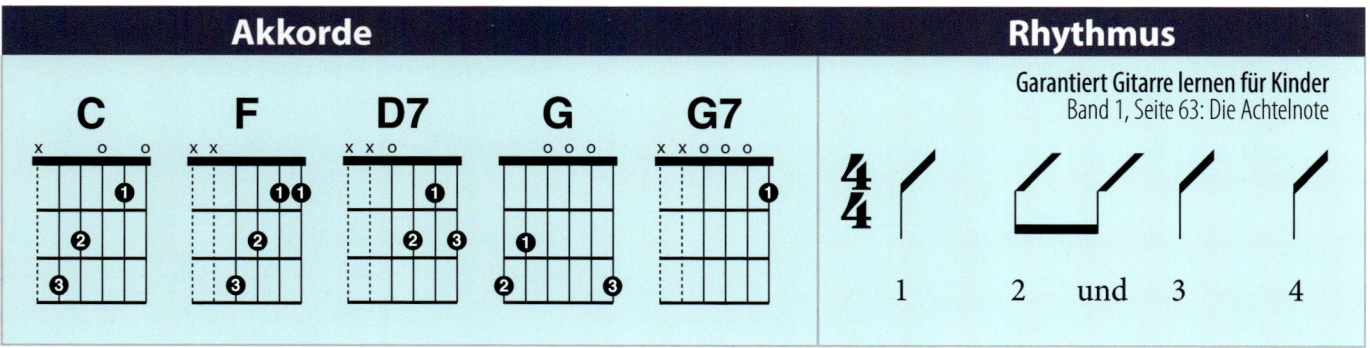

Akkorde					Rhythmus

Rhythmus

Garantiert Gitarre lernen für Kinder
Band 1, Seite 63: Die Achtelnote

C   F   D7   G   G7

$\frac{4}{4}$ 1   2   und   3   4

Spielstück

53

The House of the Rising Sun

Traditional Folk Song aus den USA
Musik & Text: überliefert

Garantiert Gitarre lernen für Kinder
Melodie: Band 2, Seite 71: Der 6/8-Takt | Akkorde: Neu

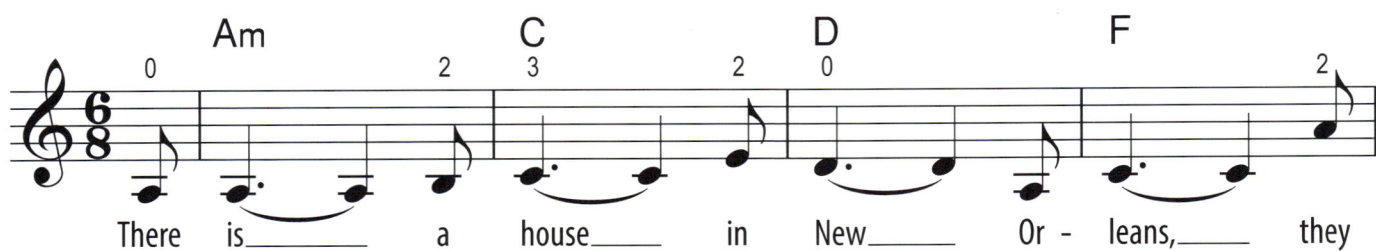

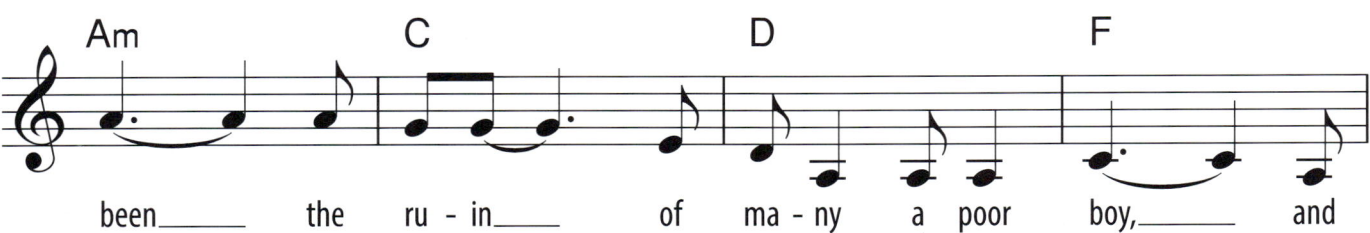

Strophe 1

    Am   C   D   F
There is   a   house in New Orleans,
    Am   C   E
they call the Rising Sun.
      Am   C   D   F
And it's been the ruin of many a poor boy,
    Am E   Am   E
and me, oh Lord, I'm one.

Strophe 2

    Am   C   D   F
My mother was a tailor,
    Am   C   E
she sewed my new blue jeans.
    Am C D   F
My father was a gambling man
Am E   Am   E
down in New Orleans.

ONLINE-HÖRBEISPIELE: www.gitarre-fuer-kinder.de

Strophe 3

```
        Am C     D        F
Now, the only  thing a gambler needs
     Am     C     E
is a suitcase and a trunk.
       Am C   D     F
And the only  time he's satisfied
    Am      E    Am    E
is when he's on and drunk.
```

Strophe 4

```
     Am    C     D        F
Oh, mother, tell your children
        Am     C    E
not to do what I have done.
Am        C   D     F
Spend your life in sin and misery
     Am        E    Am   E
in the house of the rising sun.
```

Strophe 5

```
       Am     C     D        F
Well, I got one foot on the platform
     Am  C         E
the other foot on the train.
     Am   C    D     F
I'm going back to New Orleans
     Am     E    Am    E
to wear that ball and chain.
```

Strophe 6

```
       Am     C     D        F
There is  a   house in New Orleans,
        Am     C    E
they call the Rising Sun.
           Am     C    D        F
And it's been the ruin of many a poor boy,
        Am  E     Am    E
and God, I know I'm one.
```

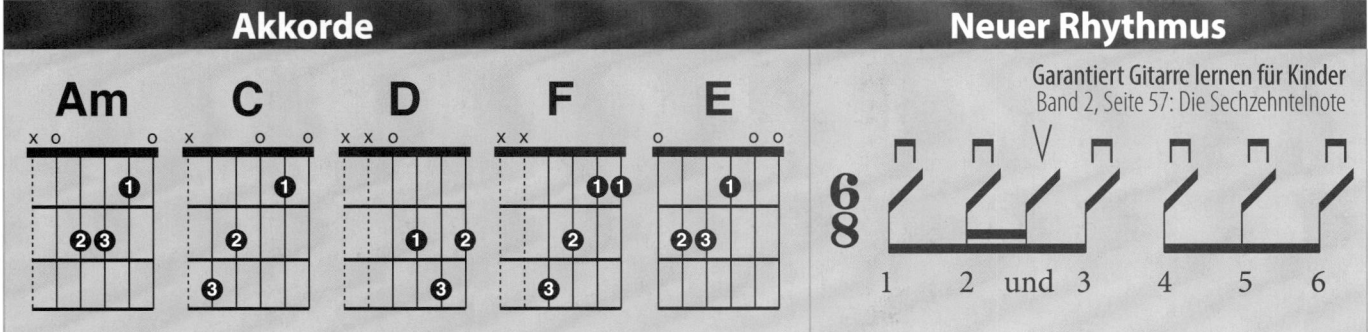

Akkorde

Neuer Rhythmus

Garantiert Gitarre lernen für Kinder
Band 2, Seite 57: Die Sechzehntelnote

1   2   und   3   4   5   6

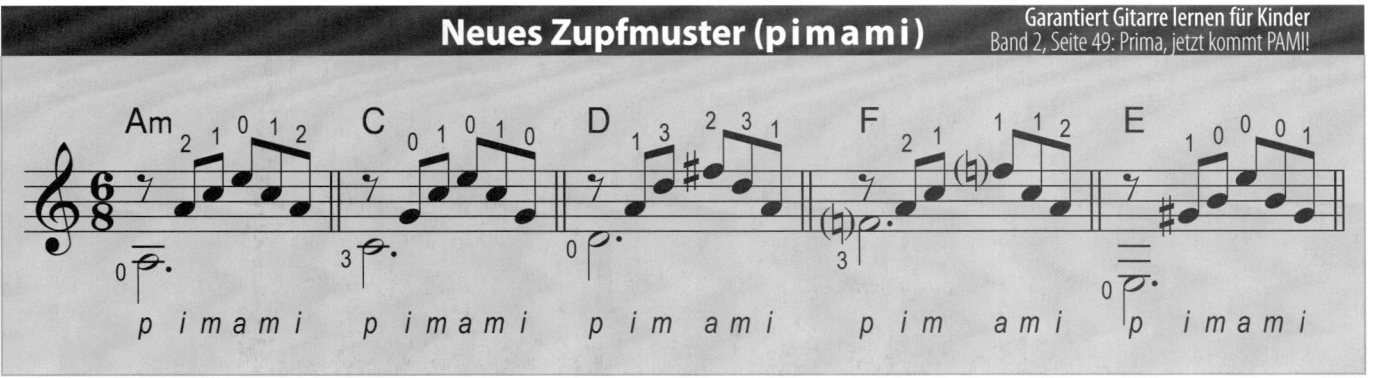

Neues Zupfmuster (p i m a m i)

Garantiert Gitarre lernen für Kinder
Band 2, Seite 49: Prima, jetzt kommt PAMI!

p i m a m i   p i m a m i   p i m a m i   p i m a m i   p i m a m i

Stücke für zwei Gitarren (Duos)

Die nächsten Stücke kannst du mit deiner Lehrerin, deinem Lehrer, einer Freundin, einem Freund oder einer/m anderen Gitarrist/in oder zur Begleit-CD zusammenspielen. Im oberen Notensystem findest du die Melodie, im unteren eine Begleitstimme. Probiere es aus! Zusammen klingt das richtig gut!

Spielstück 54

Kuckuck, Kuckuck, rufts aus dem Wald

Garantiert Gitarre lernen für Kinder
1. Stimme: Band 2, Seite 28: Die punktierte halbe Note
2. Stimme: Band 2, Seite 46: Das Dauervorzeichen

Volkslied aus Österreich
Text: Hoffmann von Fallersleben (1798–1874)
Duo-Bearbeitung: Norbert Roschauer

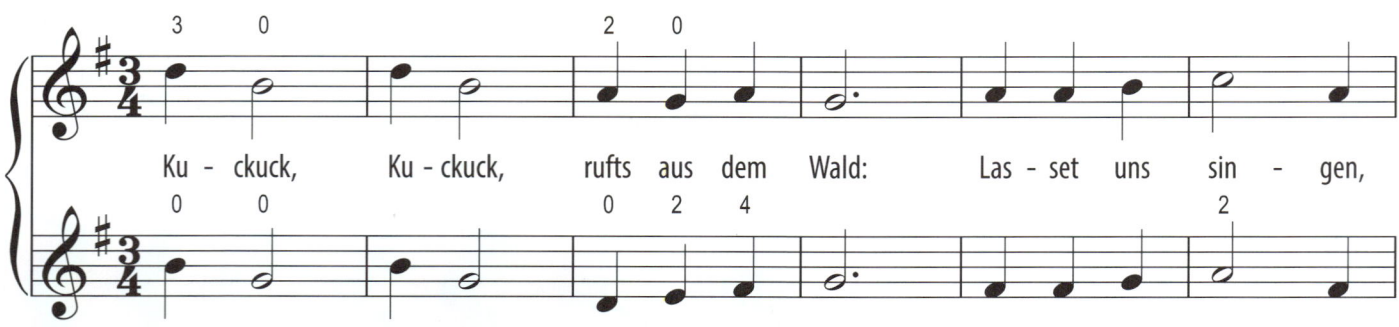

Nick-nack-paddy-wack (This Old Man)

Spielstück 55

Garantiert Gitarre lernen für Kinder
1. Stimme: Band 1, Seite 63: Die Achtelnote
2. Stimme: Band 2, Seite 46: Das Dauervorzeichen

Musik & Text: Kinderlied aus England
Deutscher Text: Tom Pold
Duo-Bearbeitung: Norbert Roschauer

Vol - ler Schwung spielt der Heinz auf der Trom - mel eins und eins:
This old man, *he played one,* *he played knick - knack* *on my thumb.*

Nick - nack - pad - dy - wack eins und zwei und drei, Trom - mel - wir - bel auch da - bei.
Knick - knack pad - dy - wack *give a dog a bone,* *this old man came* *rol - ling home.*

Sur le pont d'Avignon

Spielstück 56

Garantiert Gitarre lernen für Kinder
1. Stimme: Band 2, Seite 74: Das ♭-Vorzeichen
2. Stimme: Band 1, Seite 63: Die Achtelnote

Volkslied aus Frankreich (15. Jahrhundert)
Musik & Text: überliefert
Duo-Bearbeitung: Norbert Roschauer

Refrain

Sur le pont d'A - vig - non l'on y dan - se, l'on y dan - se, sur le pont d'A - vig - non

Fine Strophe *D.C. al Fine*

l'on y dan - se tout en rond. Les beaux mes - sieurs font comme ce et puis en - core comme ca.

Fine *D.C. al Fine*

ONLINE-HÖRBEISPIELE: www.gitarre-fuer-kinder.de

Spielstück
57

Rockstück

Musik: Norbert Roschauer

Garantiert Gitarre lernen für Kinder
1. Stimme: Band 2, Seite 28: Der Haltebogen
2. Stimme: Band 1, Seite 63: Die Achtelnote

ONLINE-HÖRBEISPIELE: www.gitarre-fuer-kinder.de

Spielstück 58

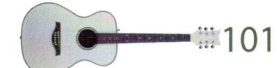

Menuett

Musik: Johann Sebastian Bach
Duo-Bearbeitung: Norbert Roschauer

Garantiert Gitarre lernen für Kinder
1. Stimme/ 2. Stimme: Band 2, Seite 46: Das Dauervorzeichen

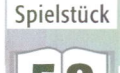

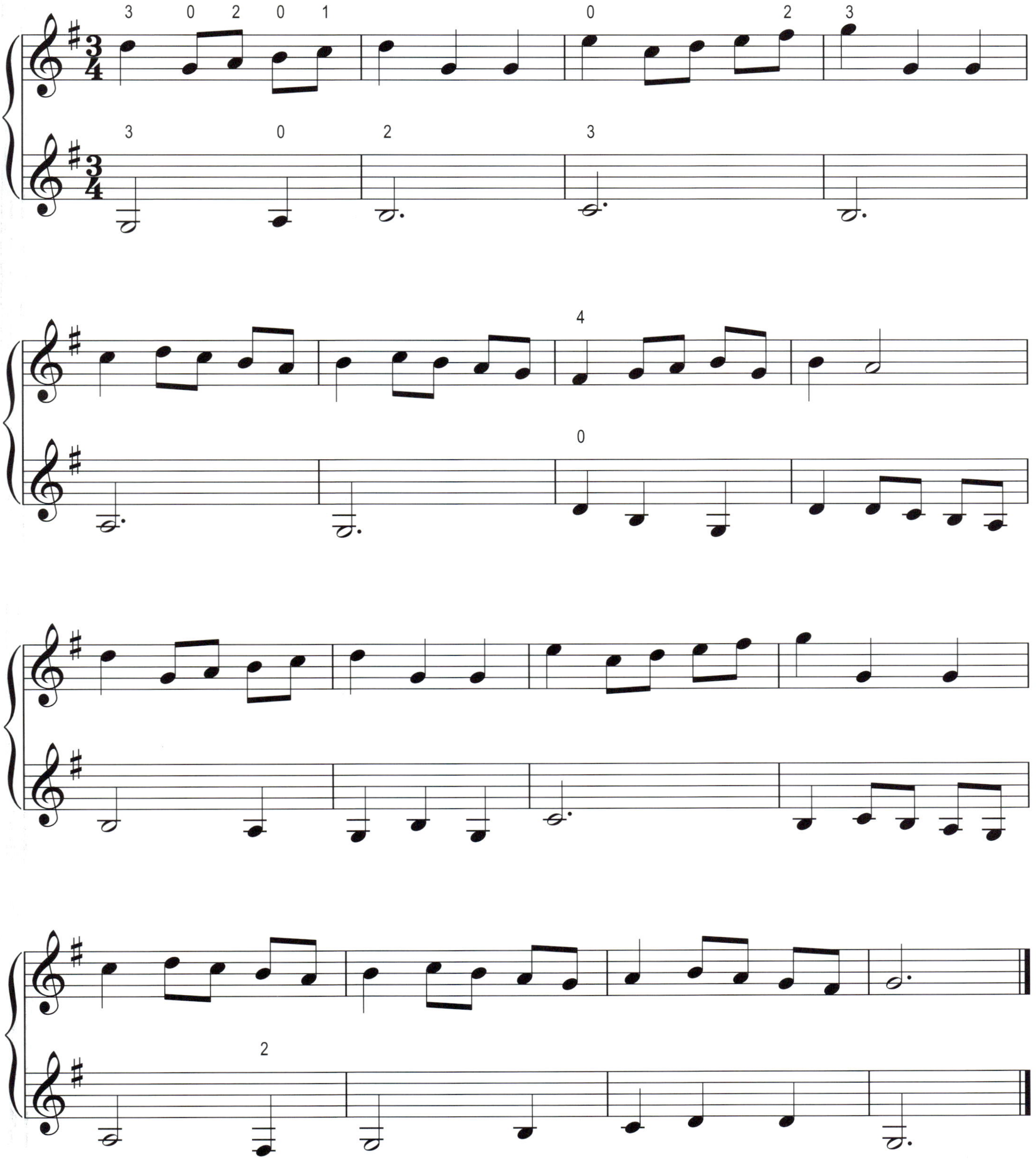

Spielstück

59

Thema

Musik: Mauro Giuliano (1781–1829)
Duo-Bearbeitung: Norbert Roschauer

Garantiert Gitarre lernen für Kinder
1. Stimme: Neuer Ton A (vgl. S. 58)
2. Stimme: Neu zweistimmig

Die Begleitstimme bei den nächsten beiden Stücken ist zweistimmig. Die Finger zupfen die Noten, deren Hals nach oben zeigt. Der Daumen zupft die leeren Basssaiten (A und E) an. Ist das noch zu schwierig, dann lass die Basstöne erstmal weg.

ONLINE-HÖRBEISPIELE: www.gitarre-fuer-kinder.de

Spielstück

60

El noi de la mare

Garantiert Gitarre lernen für Kinder
1. Stimme: Band 2, Seite 68: Die punktierte Viertelnote
2. Stimme: Neu zweistimmig

Katalanisches Weihnachtslied
Musik & Text: überliefert
Duo-Bearbeitung: Norbert Roschauer

Melodien zur Weihnacht

Hier findest du die Melodien einiger Weihnachtslieder.

Spielstück
61

O du fröhliche

Garantiert Gitarre lernen für Kinder
Melodie: Band 2, Seite 68: Die punktierte Viertelnote

Musik: Johann Gottfried Herder (1744–1803)
Text: J. D. Falk (1768–1826) und H. Holzschuher (1798–1847)
nach „O santissima, o purissima" aus Sizilien

O du fröh - li - che,__ o du se - li - ge,__ gna - den -

brin - gen - de Weih - nachts - zeit. Welt__ ging ver - lo - ren,

Christ__ ist ge - bo - ren, freu - e,__ freu - e dich, o Chris - ten - heit.

Strophe 1

O du fröhliche, o du selige,
gnadenbringende Weihnachtszeit.
Welt ging verloren, Christ ist geboren,
freue, freue dich, o Christenheit.

Strophe 2

O du fröhliche, o du selige,
gnadenbringende Weihnachtszeit.
Christ ist erschienen, uns zu versühnen,
freue, freue dich, o Christenheit.

Strophe 3

O du fröhliche, o du selige,
gnadenbringende Weihnachtszeit.
Himmlische Heere jauchzen dir Ehre,
freue, freue dich, o Christenheit.

Spielstück 62

Macht hoch die Tür

Garantiert Gitarre lernen für Kinder
Melodie: Neu 6/4-Takt

Kirchenlied aus dem 17. Jahrhundert
Musik: überliefert; Text: Georg Weißel (1590–1635)

Neue Taktart

6 Schläge pro Takt
1 Viertelnote = 1 Schlag
6/4

Macht hoch die Tür, die Tor__macht weit, es kommt der Herr der

Herr - lich - keit, ein Kö - nig al - ler Kö - nig - reich, ein Hei - land al - ler

Welt__ zu - gleich, der Heil und Se - gen mit__ sich bringt, der - hal - ben jauchzt, mit

Freu - den singt: Ge - lo - bet sei mein Gott,__ mein Schöp - fer reich_ von Rat.__

Strophe 1

Macht hoch die Tür, die Tor macht weit,
es kommt der Herr der Herrlichkeit,
ein König aller Königreich,
ein Heiland aller Welt zugleich,
der Heil und Segen mit sich bringt,
derhalben jauchzt, mit Freuden singt:
Gelobet sei mein Gott,
mein Schöpfer reich von Rat.

Strophe 2

Er ist gerecht, ein Helfer wert;
Sanftmütigkeit ist sein Gefährt,
sein Königsthron ist Heiligkeit,
sein Zepter ist Barmherzigkeit;
all unsre Not zum End er bringt;
derhalben jauchzt, mit Freuden singt:
Gelobet sei mein Gott,
mein Schöpfer reich von Rat.

Strophe 3

O wohl dem Land, o wohl der Stadt,
so diesen König bei sich hat!
Wohl allen Herzen insgemein,
da dieser König ziehet ein!
Er ist die rechte Freudensonn,
bringt mit sich lauter Freud und Wonn.
Gelobet sei mein Gott,
mein Tröster früh und spat.

Strophe 4

Macht hoch die Tür, die Tor macht weit,
eu'r Herz zum Tempel zubereit;
die Zweiglein der Gottseligkeit,
steckt auf mit Andacht, Lust und Freud;
so kommt der König auch zu euch,
ja, Heil und Leben mit zugleich.
Gelobet sei mein Gott,
voll Rat, voll Tat, voll Gnad.

Strophe 5

Komm, o mein Heiland Jesu Christ,
mein's Herzens Tür dir offen ist;
ach, zeuch mit deiner Gnade ein,
dein Freundlichkeit auch uns erschein,
Dein heil'ger Geist uns führ und leit
den Weg zur ew'gen Seligkeit.
Dem Namen dein, o Herr,
sei ewig Preis und Ehr.

ONLINE-HÖRBEISPIELE: www.gitarre-fuer-kinder.de

Spielstück

Child in the Manger

63

Gaelische Melodie „Buneesan" von der Insel Mull
Text: Mary MacDonald (1789–1872)

Garantiert Gitarre lernen für Kinder
Melodie: Band 2, Seite 28: Die punktierte halbe Note

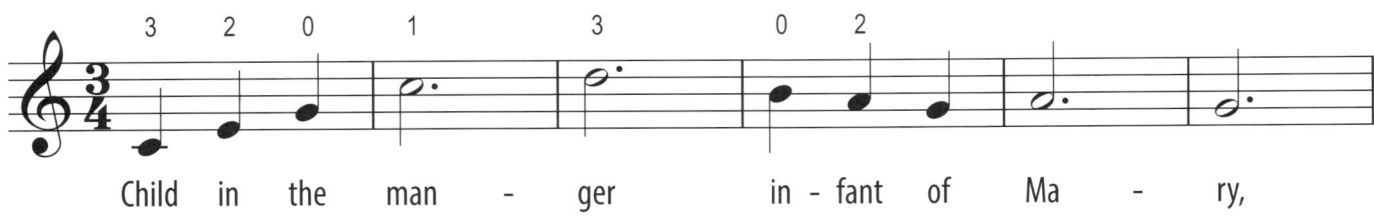

Child in the man - ger in - fant of Ma - ry,

out - cast and stran - ger, Lord____ of all.____

Child who in - her - its all our trans - gres - sions,

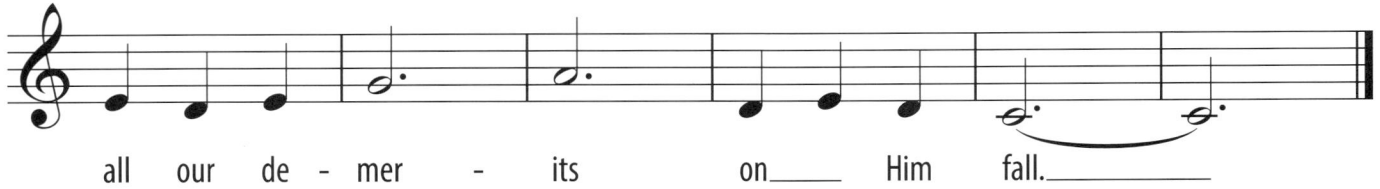

all our de - mer - its on____ Him fall.____

Strophe 1

Child in the manger infant of Mary,
outcast and stranger, Lord of all.
Child who inherits all our transgressions,
all our demerits on Him fall.

Strophe 2

Once the most holy Child of salvation
gently and lowly lived here below.
Now as our glorious mighty Redeemer,
see Him victorious o'er each foe.

Strophe 3

Prophets foretold Him, Infant of wonder
angels behold Him on His throne.
Worthy our Savior of all our praises
happy forever are His own.

ONLINE-HÖRBEISPIELE: www.gitarre-fuer-kinder.de

Spielstück
64

We Wish You A Merry Christmas

Garantiert Gitarre lernen für Kinder
Melodie: Band 2, Seite 46: Das Dauervorzeichen

Weihnachtslied aus England (16. Jh.)
Musik & Text: überliefert

Strophe

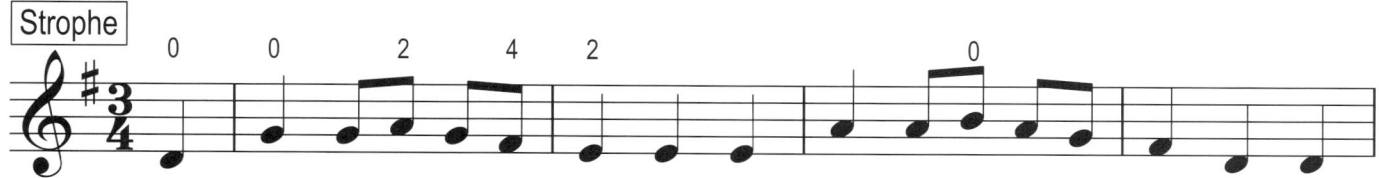

1. We wish you a Mer-ry Christ-mas, we wish you a Mer-ry Christ-mas, we

Fine

wish you a Mer-ry Christ-mas and a Hap-py New Year. Good

Refrain

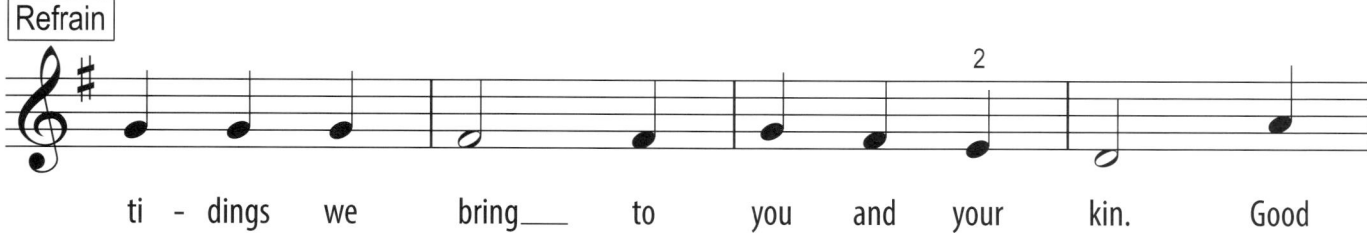

ti - dings we bring___ to you and your kin. Good

D.C. al Fine

ti - dings for Christ-mas and all the New Year.

Strophe 1

We wish you a Merry Christmas,
we wish you a Merry Christmas,
we wish you a Merry Christmas
and a Happy New Year.

Refrain

Good tidings we bring to you and your kin.
We wish you a Merry Christmas and a Happy New Year.

Strophe 2

Now bring us some figgy pudding,
now bring us some figgy pudding,
now bring us some figgy pudding
and a cup of good cheer.

Refrain Good tidings we bring to you ...

Strophe 3

We won't go until we get some,
we won't go until we get some,
we won't go until we get some
so bring some out here.

Refrain Good tidings we bring to you ...

Strophe 4

We wish you a Merry Christmas,
we wish you a Merry Christmas,
we wish you a Merry Christmas
and a Happy New Year.

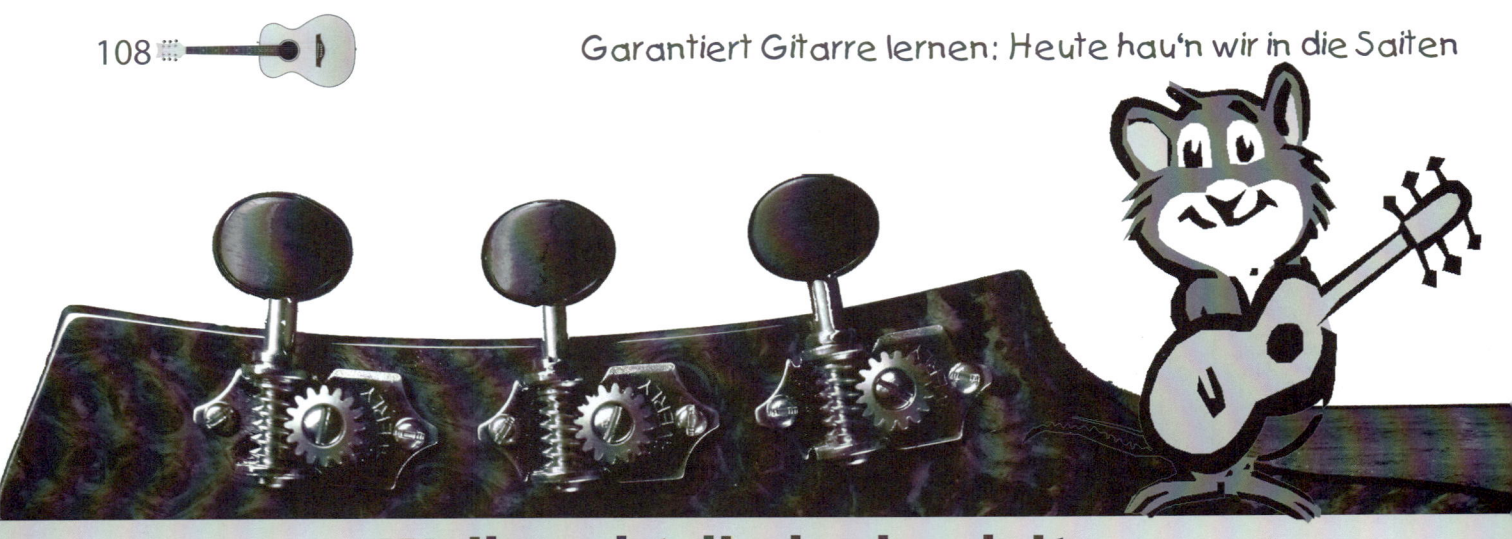

Weihnachtslieder begleiten

Bei diesen Weihnachtsliedern kannst du Melodie und Begleitung spielen. Vor den meisten Liedern ist noch ein kleines Vorspiel mit Akkordanschlägen. Beim Vortrag wirkt das besonders gut!

Spielstück 65

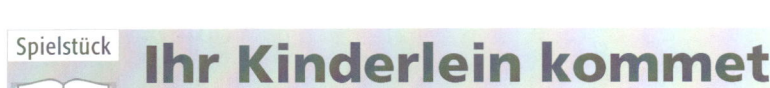

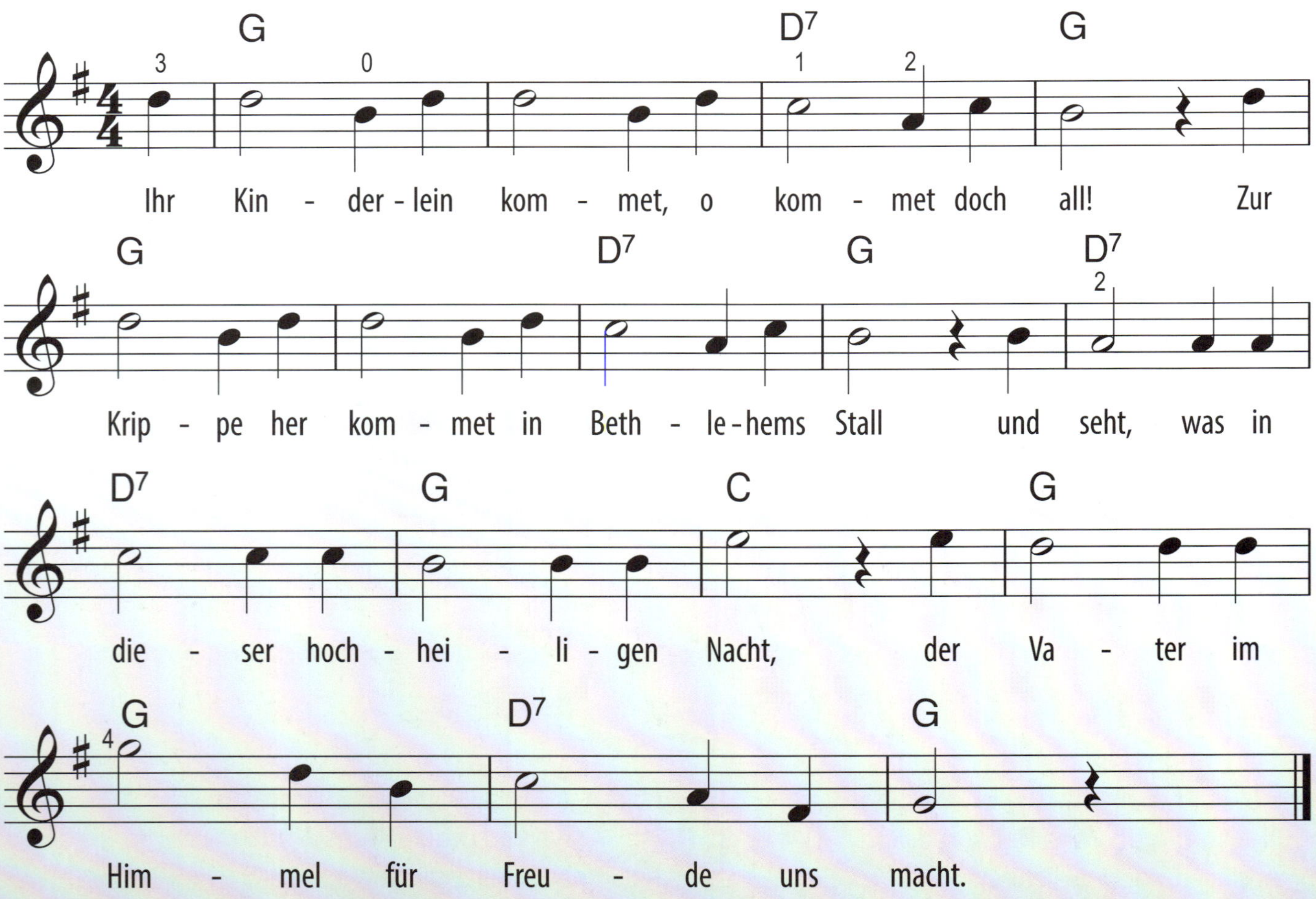

Ihr Kinderlein kommet

Musik: Johann Abraham Peter Schulz (1747–1800)
Text: Christoph von Schmid (1768–1854)

Garantiert Gitarre lernen für Kinder
Melodie: Band 1, Seite 48: Die halbe Note | **Akkorde:** Band 2, Seite 42: Der vollständige G-Dur-Akkord

G D7 G
3 0 1 2
Ihr Kin - der - lein kom - met, o kom - met doch all! Zur
G D7 G D7
2
Krip - pe her kom - met in Beth - le - hems Stall und seht, was in
D7 G C G
die - ser hoch - hei - li - gen Nacht, der Va - ter im
G D7 G
4
Him - mel für Freu - de uns macht.

Strophe 1

```
    G                    D⁷            G
Ihr Kinderlein kommet, o kommet doch all!
    G                    D⁷            G
Zur Krippe her kommet in Bethlehems Stall
      D⁷                   G      C
und seht, was in dieser hochheiligen Nacht,
    G                    D⁷        G
der Vater im Himmel für Freude uns macht.
```

Strophe 2

```
    G                    D⁷            G
O seht in der Krippe im nächtlichen Stall,
     G                    D⁷            G
seht hier bei des Lichtleins hell glänzendem Strahl
      D⁷                  G      C
in reinlichen Windeln das himmlische Kind,
    G                    D⁷        G
viel schöner und holder, als Engel es sind.
```

Strophe 3

```
    G                    D⁷            G
Da liegt es, das Kindlein, auf Heu und auf Stroh;
     G                D⁷        G
Maria und Joseph betrachten es froh.
      D⁷                   G      C
Die redlichen Hirten knien betend davor,
      G                    D⁷        G
hoch oben schwebt jubelnd der Engelein Chor.
```

Strophe 4

Manch Hirtenkind trägt wohl mit freudigem Sinn
Milch, Butter und Honig nach Bethlehem hin.
Ein Körblein voll Früchte, das purpurrot glänzt,
ein schneeweißes Lämmchen mit Blumen bekränzt.

Strophe 5

O betet: Du liebes, du göttliches Kind.
Was leidest Du alles für unsere Sünd!
Ach hier in der Krippe schon Armut und Not,
am Kreuze dort gar noch den bitteren Tod.

Strophe 6

O beugt wie die Hirten anbetend die Knie,
erhebet die Händlein und danket wie sie.
Stimmt freudig, ihr Kinder, wer sollt sich nicht freun?
Stimmt freudig zum Jubel der Engel mit ein!

Strophe 7

Was geben wir Kinder, was schenken wir dir,
du Bestes und Liebstes der Kinder, dafür?
Nichts willst du von Schätzen und Reichtum der Welt,
ein Herz nur voll Demut allein dir gefällt.

Strophe 8

So nimm unsre Herzen zum Opfer denn hin;
wir geben sie gerne mit fröhlichem Sinn;
und mache sie heilig und selig wie Deins,
und mach' sie auf ewig mit Deinem in Eins.

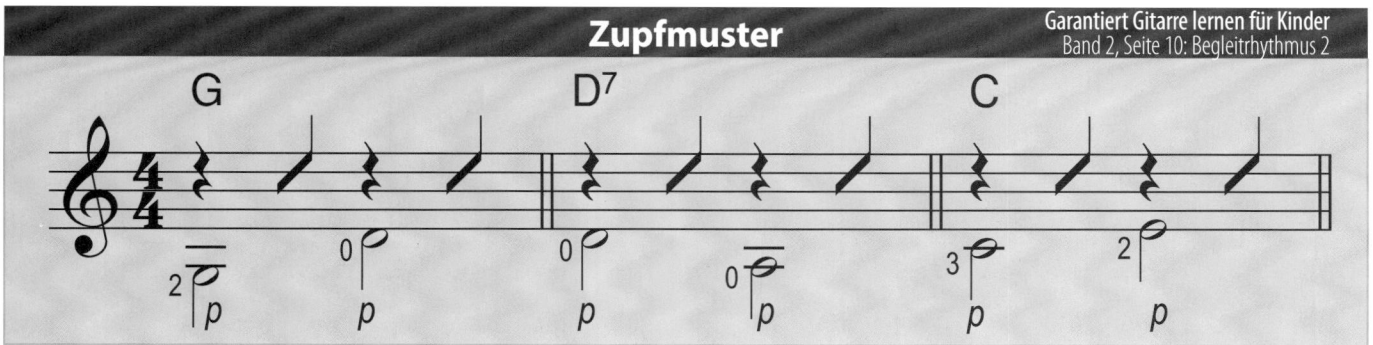

ONLINE-HÖRBEISPIELE: www.gitarre-fuer-kinder.de

Spielstück 66

Morgen kommt der Weihnachtsmann

Garantiert Gitarre lernen für Kinder
Melodie: Band 1, Seite 54: Das mittlere „a"
Akkorde: Band 2, Seite 42: Der vollständige G-Dur-Akkord

Melodie aus Frankreich („Ah, vous dirai – je Maman")
Text: überliefert; angelehnt an:
Heinrich A. Hoffmann von Fallersleben (1798–1874)

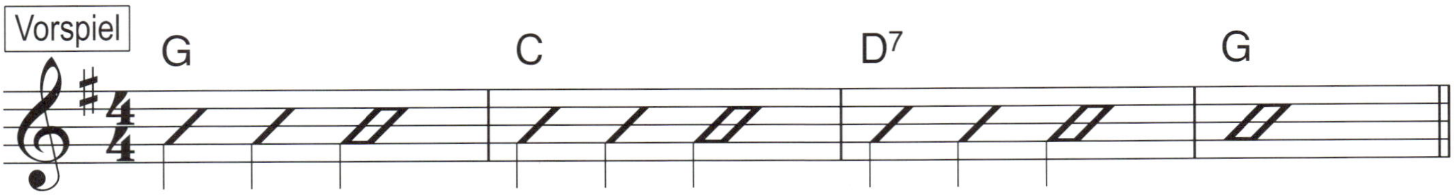

Vorspiel — G · C · D⁷ · G

Strophe

G ⁰ ³ | C G ⁰ | D⁷ G ¹ | D⁷ G ²

1. Mor - gen kommt der Weih-nachts-mann, kommt mit sei - nen Ga - ben.

G D⁷ | G D⁷ | G D⁷ | G D⁷

Bun - te Lich - ter, Sil - ber - zier, Kind und Krip - pe, Schaf und Stier,

G | C G | D⁷ G | D⁷ G

Zot - tel - bär und Pan - ther - tier möcht ich ger - ne ha - ben.

Strophe 1

G · · C · G
Morgen kommt der Weihnachtsmann,
D7 · G · D7 G
kommt mit seinen Gaben.
G D⁷ G D⁷
Bunte Lichter, Silberzier,
G D⁷ G D⁷
Kind und Krippe, Schaf und Stier,
G · C · G
Zottelbär und Panthertier
D⁷ G D⁷ G
möcht ich gerne haben.

Strophe 2

G · · C · G
Bring uns lieber Weihnachtsmann,
D7 · G · D7 G
bring auch morgen, bringe.
G D⁷ G D⁷
Eine schöne Eisenbahn,
G D⁷ G D⁷
Bauernhof mit Huhn und Hahn,
G · C · G
einen Pfefferkuchenmann
D⁷ G D⁷ G
lauter schöne Dinge.

ONLINE-HÖRBEISPIELE: www.gitarre-fuer-kinder.de

Strophe 3

G   C   G
Doch du weißt ja unsren Wunsch,
D7   G   D7 G
kennst ja unsre Herzen.
G   D⁷ G   D⁷
Kinder, Vater und Mama,
G   D⁷ G   D⁷
auch sogar der Großpapa.
G   C   G
Alle, alle sind wir da,
D⁷   G   D⁷   G
warten dein mit Schmerzen.

Akkorde

G   **C**   **D7**

Rhythmus

Garantiert Gitarre lernen für Kinder
Band 1, Seite 48: Die halbe Note

1   2   und   3   und   4   und

Zupfmuster

Garantiert Gitarre lernen für Kinder
Band 2, Seite 10: Begleitrhythmus 2

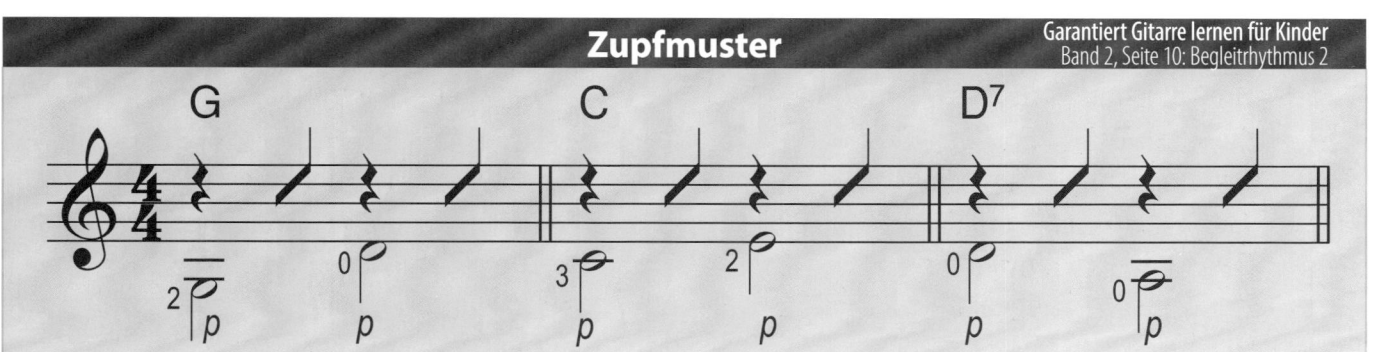

Spielstück
67

Lasst uns froh und munter sein

Garantiert Gitarre lernen für Kinder

Lied aus dem Hunsrück oder Rheinland

Melodie: Band 1, Seite 54: Das mittlere „a" | **Akkorde:** Band 2, Seite 42: Der vollständige G-Dur-Akkord

Musik & Text: überliefert

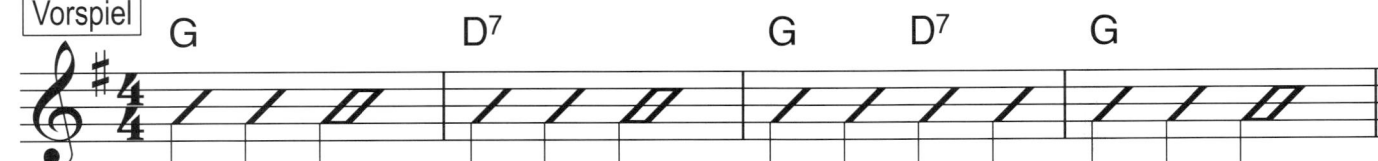

Vorspiel

Strophe

Lasst uns froh__ und__ mun – ter sein und uns in__ dem__ Herrn er – freun.

Lus – tig, lus – tig, tra – le – ra – la – la, bald ist Ni – ko – laus –

a – bend da, bald ist Ni – ko – laus – a – bend da.

Strophe 1

G
Lasst uns froh und munter sein
D7
und uns in dem Herrn erfreun.
G
Lustig, lustig, traleralala,
G   D7 G
bald ist Nikolausabend da,
G   D7 G
bald ist Nikolausabend da.

Strophe 3

G
Dann stell ich den Teller auf
D7
Niklaus legt gewiss was drauf.
G
Lustig, lustig, traleralala,
G   D7 G
bald ist Nikolausabend da,
G   D7 G
bald ist Nikolausabend da.

Strophe 2

G
Bald ist unsere Schule aus,
D7
dann ziehn wir vergnügt nach Haus.
G
Lustig, lustig, traleralala,
G   D7 G
bald ist Nikolausabend da,
G   D7 G
bald ist Nikolausabend da.

Strophe 4

G
Steht der Teller auf dem Tisch,
D7
sing ich nochmals froh und frisch:
G
Lustig, lustig, traleralala,
G   D7 G
bald ist Nikolausabend da,
G   D7 G
bald ist Nikolausabend da.

Strophe 5

Wenn ich schlaf, dann träume ich,
jetzt bringt Niklaus was für mich.
Lustig, lustig, traleralala,
bald ist Nikolausabend da,
bald ist Nikolausabend da.

Strophe 6

Wenn ich aufgestanden bin,
lauf' ich schnell zum Teller hin.
Lustig, lustig, traleralala,
bald ist Nikolausabend da,
bald ist Nikolausabend da.

Strophe 7

Niklaus ist ein guter Mann,
dem man nicht genug danken kann.
Lustig, lustig, traleralala,
bald ist Nikolausabend da,
bald ist Nikolausabend da.

Akkorde

G

D7

Rhythmus

Garantiert Gitarre lernen für Kinder
Band 2, Seite 40: Viertel und Achtel abwechselnd

1   2   und   3   4   und

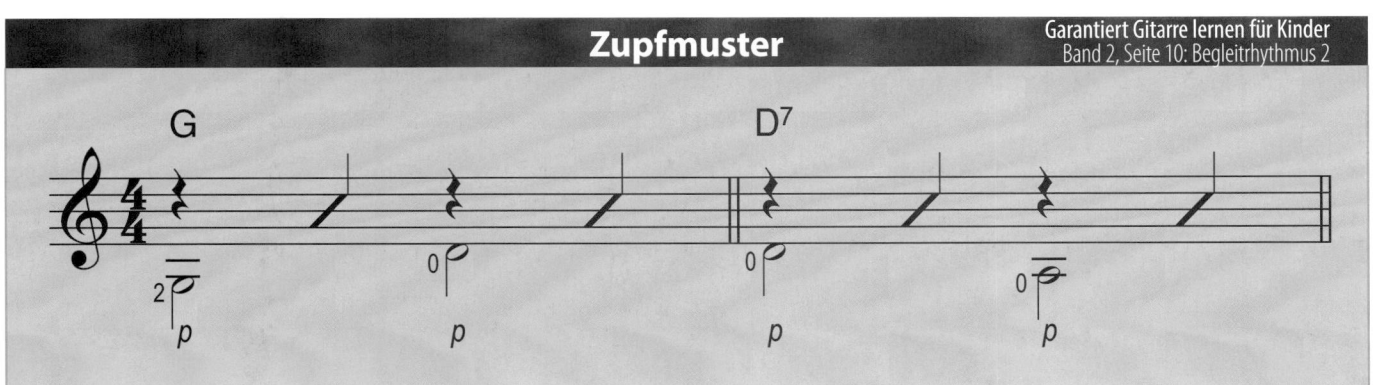

Zupfmuster

Garantiert Gitarre lernen für Kinder
Band 2, Seite 10: Begleitrhythmus 2

G   D7

ONLINE-HÖRBEISPIELE: www.gitarre-fuer-kinder.de

Spielstück

68

O Tannenbaum

Garantiert Gitarre lernen für Kinder

Melodie: Band 2, Seite 46: Das Dauervorzeichen | Akkorde: Band 2, Seite 55: Der A-Dur-Akkord

Musik: überliefert aus einer Melodie eines alten Studentenlieds
Text: 1. Strophe: Joachim A. Zarnack (1777–1827)
2. + 3. Strophe: Ernst Anschütz (1780–1861)

Strophe 1

D
O Tannenbaum, o Tannenbaum,
   A   D
wie treu sind deine Blätter!
D   A
Du grünst nicht nur zur Sommerzeit,
A   D
nein auch im Winter, wenn es schneit!
  D
O Tannenbaum, o Tannenbaum,
   A   D
wie treu sind deine Blätter!

Strophe 2

D
O Tannenbaum, o Tannenbaum,
   A   D
du kannst mir sehr gefallen!
D   A
Wie oft hat nicht zur Weihnachtszeit,
A   D
ein Baum von dir mich hoch erfreut!
  D
O Tannenbaum, o Tannenbaum,
   A   D
du kannst mir sehr gefallen!

Strophe 3

D
O Tannenbaum, o Tannenbaum,
   A   D
dein Kleid will mich was lehren!
D   A
Die Hoffnung und Beständigkeit,
A   D
gibt Trost und Kraft zu jeder Zeit!
  D
O Tannenbaum, o Tannenbaum,
   A   D
dein Kleid will mich was lehren!

Akkorde

D   A

Rhythmus

Garantiert Gitarre lernen für Kinder
Band 1, Seite 63: Die Achtelnote

3/4

1   2   und   3

ONLINE-HÖRBEISPIELE: www.gitarre-fuer-kinder.de

Zupfmuster

Garantiert Gitarre lernen für Kinder
Band 2, Seite 20: Gleichzeitiger Anschlag

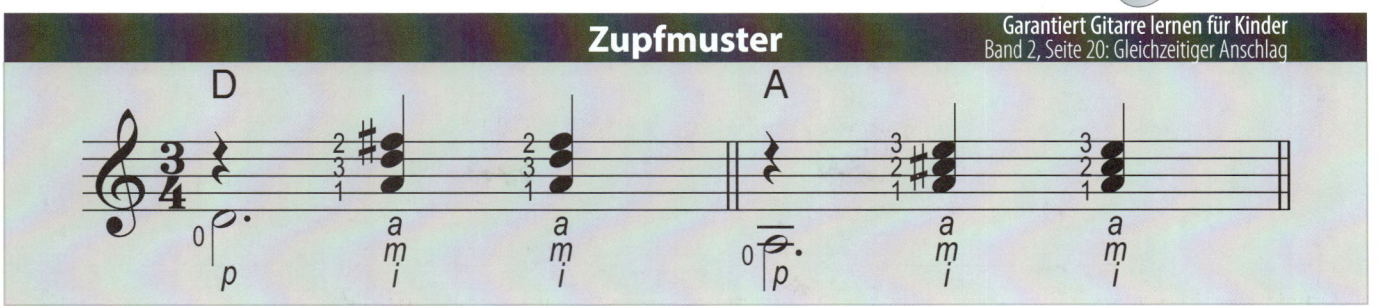

Spielstück
69

Alle Jahre wieder

Melodie: Friedrich Silcher (1789–1860)
Text: Wilhelm Hey (1789–1854)

Garantiert Gitarre lernen für Kinder
Melodie: Band 2, Seite 68: Die punktierte Viertelnote | Akkorde: Band 2, Seite 55: Der A-Dur-Akkord

Al - le Jah - re wie - der kommt das__ Chris - tus - kind
auf die Er - de nie - der,__ wo wir__ Men - schen sind.

Strophe 1	**Strophe 2**	**Strophe 3**
D A	D A	D A
Alle Jahre wieder	Kehrt mit seinem Segen	Steht auch mir zur Seite
D A	D A	D A
kommt das Christuskind	ein in jedes Haus,	still und unerkannt,
D G	D G	D G
auf die Erde nieder,	geht auf allen Wegen	dass es treu mich leite
D A D	D A D	D A D
wo wir Menschen sind.	mit uns ein und aus.	an der lieben Hand.

Akkorde

Neuer Rhythmus

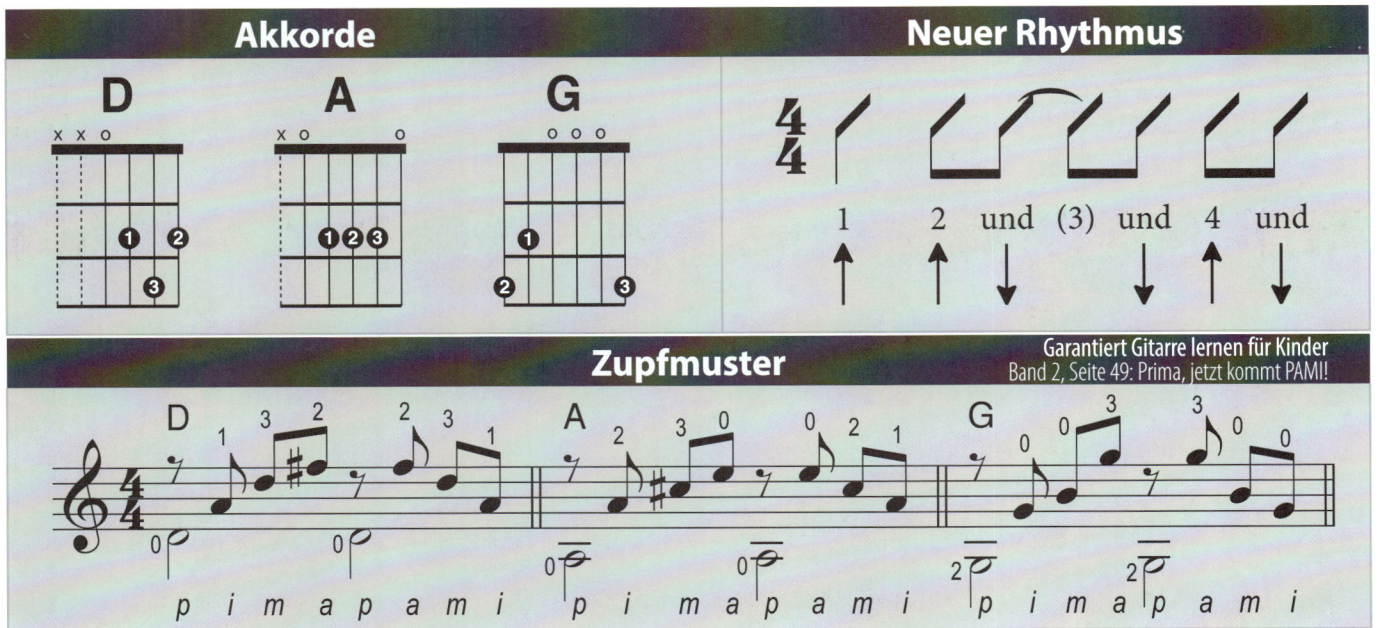

Zupfmuster

Garantiert Gitarre lernen für Kinder
Band 2, Seite 49: Prima, jetzt kommt PAMI!

p i m a p a m i   p i m a p a m i   p i m a p a m i

Spielstück
70

Go, Tell it on the Mountain

Spiritual aus den USA
Musik & Text: überliefert

Garantiert Gitarre lernen für Kinder
Melodie: Band 2, Seite 46: Das Dauervorzeichen | **Akkorde:** Band 2, Seite 55: Der A-Dur-Akkord

Refrain

```
D G        D
Go, tell it on the mountain,
A         D
over the hills and ev'rywhere,
D G        D
go, tell it on the mountain:
D    A     D
Our Jesus Christ is born.
```

Strophe 1

```
D
When I was a sinner
D A               D
I  prayed both night and day;
D
I asked the Lord to aid me,
D G          A
and He showed me the way.
```

Refrain

```
D G        D
Go, tell it on the mountain,
A         D
over the hills and ev'rywhere,
D G         D
go, tell it on the mountain:
D    A     D
Our Jesus Christ is born.
```

Strophe 2

```
D
When I was a seeker
D A                D
I  sought both night and day;
D
I asked the Lord to help me
D G          A
and He taught me how to pray.
```

Refrain

D G   D
Go, tell it on the mountain,
A   D
over the hills and ev'rywhere,
D G   D
go, tell it on the mountain:
D   A   D
Our Jesus Christ is born.

Strophe 3

D
Down in a lowly manger
D A   D
the humble Christ was born;
D
And God sent us salvation
D G   A
that blessed Christmas morn.

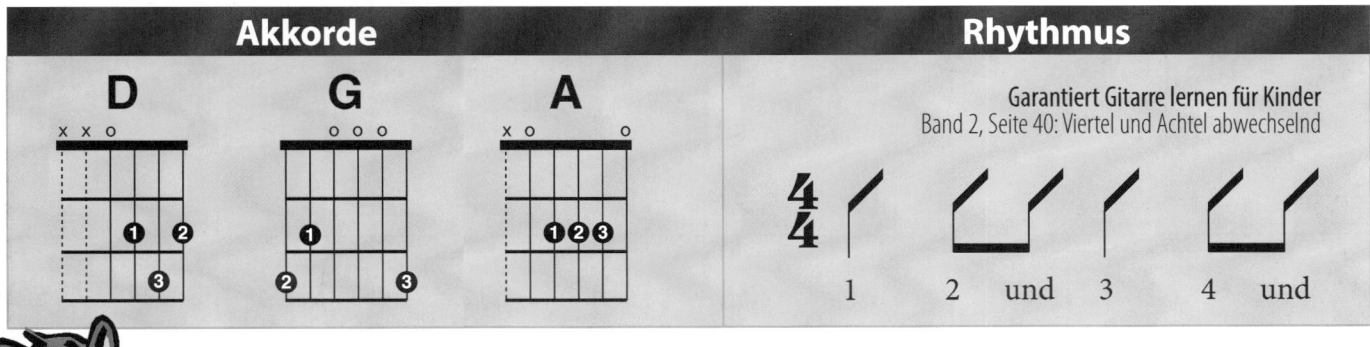

Akkorde

D   G   A

Rhythmus

Garantiert Gitarre lernen für Kinder
Band 2, Seite 40: Viertel und Achtel abwechselnd

$\frac{4}{4}$

1   2 und 3   4 und

Neues Zupfmuster

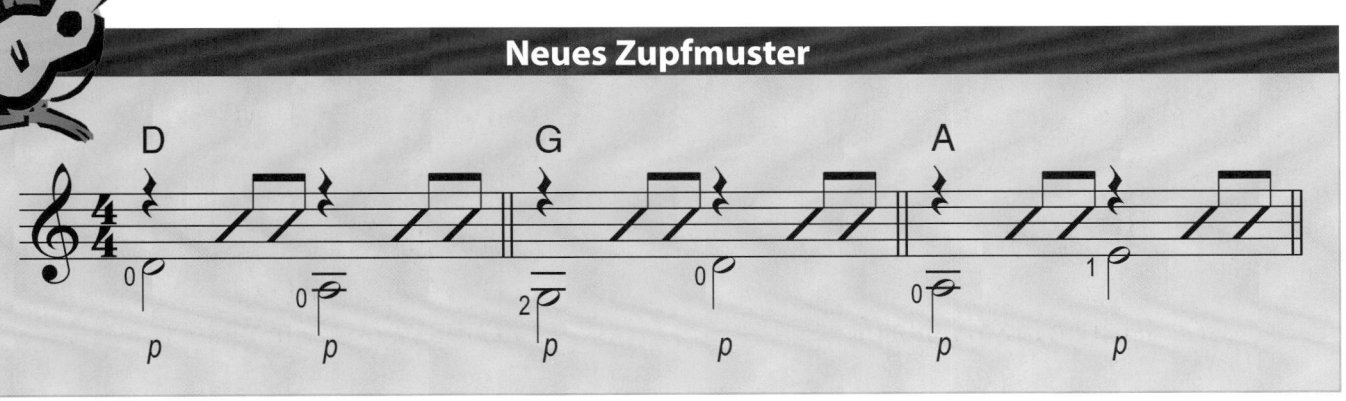

ONLINE-HÖRBEISPIELE: www.gitarre-fuer-kinder.de

Spielstück
71

Schneeflöckchen, Weißröckchen

Musik: überliefert
Text: Hedwig Haberkern (1837–1902)

Garantiert Gitarre lernen für Kinder
Melodie: Band 2, Seite 46: Das Dauervorzeichen | Akkorde: Band 2, Seite 42: Der vollständige G-Dur-Akkord

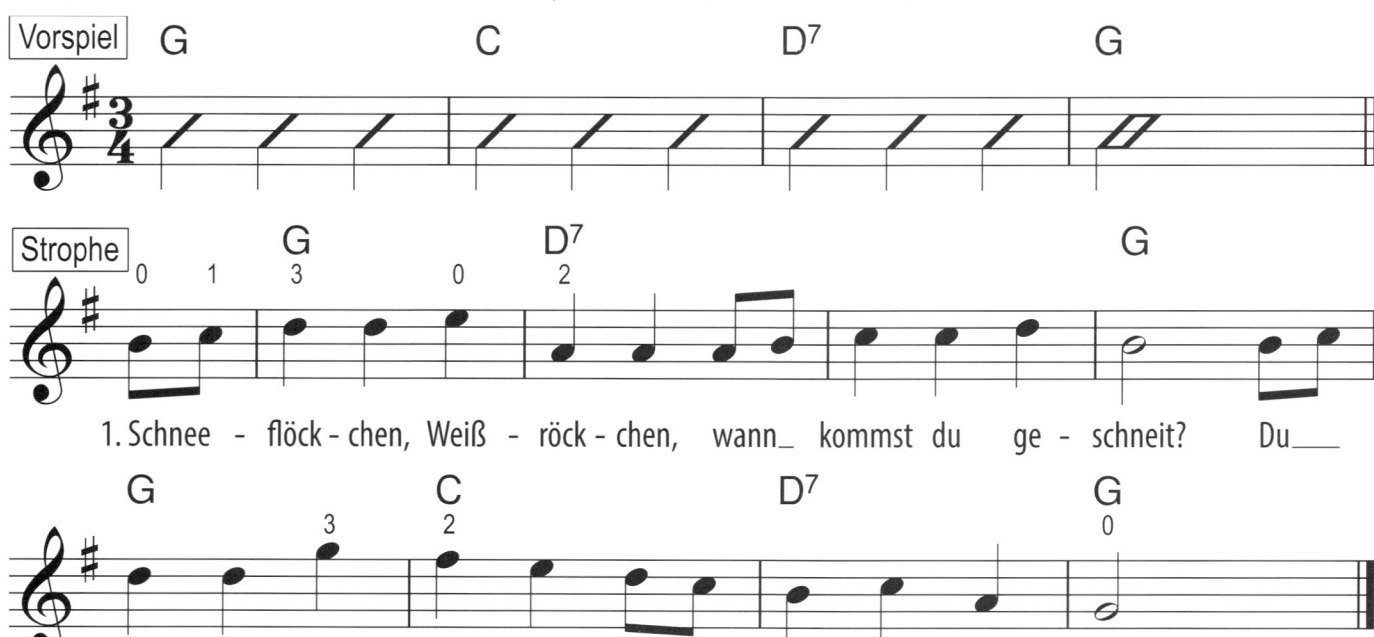

Vorspiel — G · C · D7 · G

Strophe — G · D7 · G
1. Schnee - flöck - chen, Weiß - röck - chen, wann_ kommst du ge - schneit? Du___

G · C · D7 · G
wohnst in den Wol - ken, dein__ Weg ist so weit.

Strophe 1
Schneeflöckchen, Weißröckchen,
wann kommst du geschneit?
Du wohnst in den Wolken,
dein Weg ist so weit.

Strophe 2
Komm setz dich ans Fenster,
du lieblicher Stern,
malst Blumen und Blätter,
wir haben dich gern.

Strophe 3
Schneeflöckchen, du deckst uns
die Blümelein zu,
dann schlafen sie sicher
in himmlischer Ruh.

Strophe 4
Schneeflöckchen, Weißröckchen,
komm zu uns ins Tal.
Dann baun wir den Schneemann
und werfen den Ball.

Akkorde — G · C · D7

Rhythmus
Garantiert Gitarre lernen für Kinder
Band 1, Seite 63: Die Achtelnote
3/4 — 1 · 2 und · 3 und

Zupfmuster
Garantiert Gitarre lernen für Kinder
Band 1, Seite 68: Der 3/4-Takt
G · C · D7

Spielstück
72

Am Weihnachtsbaume

Garantiert Gitarre lernen für Kinder
Melodie: Band 2, Seite 46: Das Dauervorzeichen | Akkorde: Band 2, Seite 55: Der A-Dur-Akkord

Melodie: überliefert (1841)
Text: Hermann Kletke (1813–1886)

Am Weih-nachts- bau - me die Lich-ter bren - nen, wie glänzt er fest - lich, lieb und

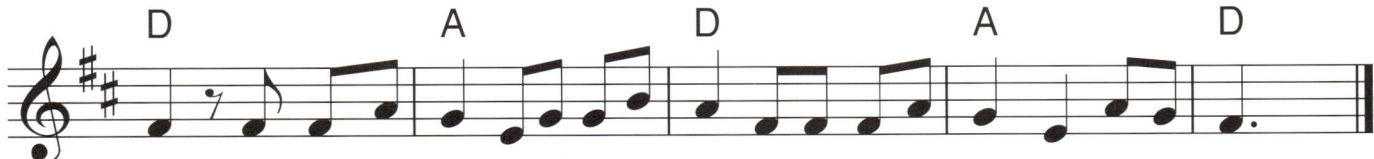

mild, als spräch er: «Wollt_ in mir er - ken-nen ge-treu-er Hoff-nung stil-les Bild!»

Strophe 1
Am Weihnachtsbaume die Lichter brennen,
wie glänzt er festlich, lieb und mild,
als spräch er: «Wollt in mir erkennen
getreuer Hoffnung stilles Bild!»

Strophe 2
Die Kinder stehn mit hellen Blicken,
das Auge lacht, es lacht das Herz.
O fröhlich, seliges Entzücken!
Die Alten schauen himmelwärts.

Strophe 3
Zwei Engel sind hereingetreten,
kein Auge hat sie kommen sehn.
Sie gehn zum Weihnachtstisch und beten
und wenden wieder sich und gehn.

Strophe 4
Gesegnet seid ihr alten Leute,
gesegnet sei du kleine Schar!
Wir bringen Gottes Segen heute
dem braunen, wie dem weißen Haar.

Strophe 5
Zu guten Menschen, die sich lieben,
schickt uns der Herr als Boten aus.
Und seid Ihr treu und fromm geblieben,
wir treten wieder in dies Haus!

Strophe 6
Kein Ohr hat ihren Spruch vernommen,
unsichtbar jedes Menschen Blick.
Sind sie gegangen, wie gekommen,
doch Gottes Segen blieb zurück!

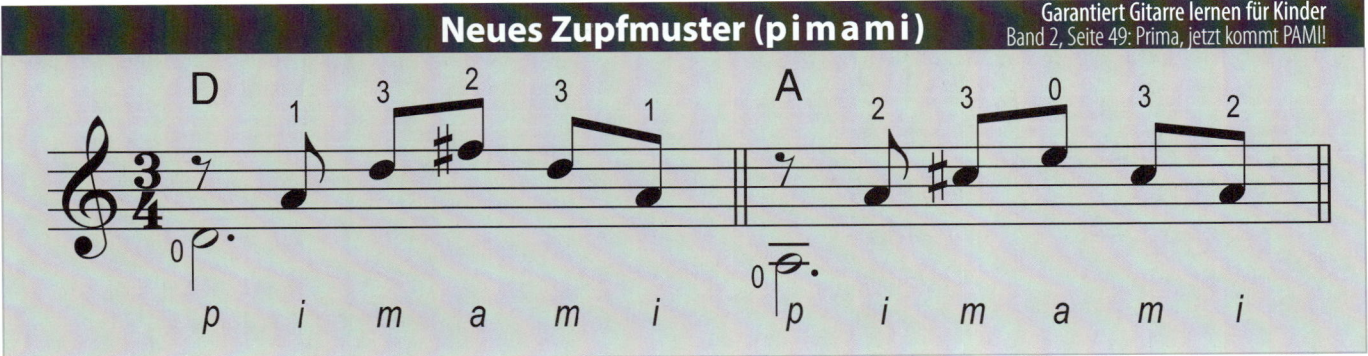

Spielstück 73

Jingle Bells

Musik & Text: James Lord Pierpont (1822–1893)

Garantiert Gitarre lernen für Kinder
Melodie: Band 2, Seite 46: Das Dauervorzeichen | **Akkorde:** Band 2, Seite 55: Der A-Dur-Akkord

Refrain

G

Jin - gle bells, jin - gle bells, jin - gle all the way.

C   G   1. A   D⁷

Oh, what fun it is to ride in a one horse o - pen sleigh, oh!

2.   D⁷   G   Fine   G   **Strophe**

one horse o - pen sleigh. 1. Dash - ing through the snow in a one horse o - pen

C   D⁷   G

sleigh, o'er the fields we go, laugh - ing all the way. Bells on bob - tail

G   C

ring, mak - ing spir - its bright, what fun it is to

D⁷   G   *D.C. al Fine*

ride and sing a sleigh - ing song to - night!

Refrain

G
Jingle bells, jingle bells,
G
jingle all the way.
C   G
Oh, what fun it is to ride
    A   D⁷
in a one-horse open sleigh, oh!

G
Jingle bells, jingle bells,
G
jingle all the way.
C   G
Oh, what fun it is to ride
    D⁷   G
in a one-horse open sleigh.

Strophe 1

G
Dashing through the snow
G   C
in a one horse open sleigh,
C   D⁷
o'er the fields we go,
D⁷   G
laughing all the way.
G
Bells on bobtail ring,
G   C
making spirits bright,
C   D⁷
what fun it is to ride and sing a
D⁷   G
sleighing song tonight!

Refrain   Jingle bells, jingle bells ...

Strophe 2

A day or two ago
I thought I'd take a ride,
and soon, Miss Fanny Bright
was seated by my side.
The horse was lean and lank,
misfortune seemed his lot,
he got into a drifted bank,
and then we got upsot.

Refrain   Jingle bells, jingle bells ...

Strophe 3

Now the ground is white,
go it while you're young,
take the girls tonight
and sing this sleighing song.
Just get a bobtailed bay,
two forty as his speed,
hitch him to an open sleigh
and 'crack' you'll take the lead.

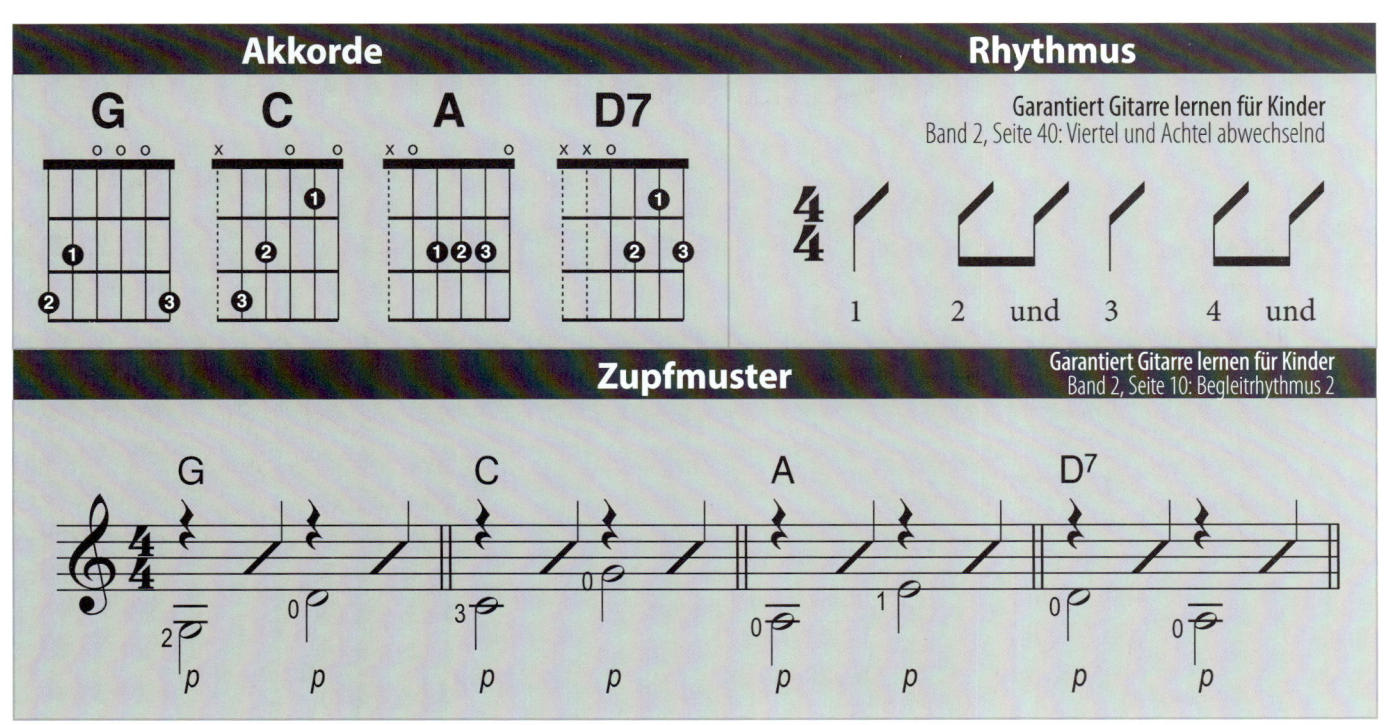

ONLINE-HÖRBEISPIELE: www.gitarre-fuer-kinder.de

Spielstück
74

Angels We Have Heard On High

Aus dem Französischen (Les anges dans nos campagnes)
Musik & Text: überliefert

Garantiert Gitarre lernen für Kinder
Melodie: Band 2, Seite 68: Die punktierte Viertelnote | Akkorde: Band 2, Seite 37: Der Der vollständige E-Moll-Akkord

An - gels we have_ heard_on high, sweet - ly sing - ing o'er___the plains.
And the moun-tains in___ re - ply, ech - o - ing their joy - ous strains.

Glo-_____ ri - a

in ex - cel - sis De - o. De - o.

Strophe 1

G   D G
Angels we have heard on high,
G   D G
sweetly singing o'er the plains.
G   D G
And the mountains in reply,
G   D G
echoing their joyous strains.
G Em Am D G C D Em G   D
Glo - - - - - -ria in ex - cel - sis De - o.
G Em Am D G C D Em G   D G
Glo - - - - - -ria in ex - cel - sis De - e - o.

Strophe 2

G   D G
Shepherds why this Jubilee,
G   D   G
why your joyous strains prolong.
G   D G
What the gladsome tidings be,
G   D G
which inspire your heavenly song.
G Em Am D G C D Em G   D
Glo - - - - - -ria in ex - cel - sis De - o.
G Em Am D G C D Em G   D G
Glo - - - - - -ria in ex - cel - sis De - e - o.

Strophe 3

G   D G
Come to Bethlehem to see
G   D G
him whose birth the angels sing.
G   D G
Come adore on bended knee,
G   D G
Christ the Lord the newborn King.
G Em Am D G C D Em G   D
Glo - - - - - -ria in ex - cel - sis De - o.
G Em Am D G C D Em G   D C
Glo - - - - - -ria in ex - cel - sis De - e - o

Strophe 4

G   D G
See him in a manger laid,
G   D G
whom the choirs of angels praise.
G   D   G
Mary, Joseph, lend your aid,
G   D G
while our hearts in love we raise.
G Em Am D G C D Em G   D
Glo - - - - - -ria in ex - cel - sis De - o.
G Em Am D G C D Em G   D C
Glo - - - - - -ria in ex - cel - sis De - e - o

Französischer Originaltext:

Strophe 1

```
G           D          G
Les anges dans nos campagnes
G           D          G
ont entonné l'hymne des cieux;
G           D          G
et l'écho de nos montagnes
G              D  G
redit ce chant mélodieux.
G  Em Am  D  G  C  D    Em    G           D
Glo -  -   -  -  - ria  in ex - cel - sis  De - o.
G  Em Am  D  G  C  D    Em    G           D  G
Glo -  -   -  -  - ria  in ex - cel - sis  De - e - o.
```

Strophe 2

Bergers, pour qui cette fête?
Quel est l'objet de tous ces chants?
Quel vainqueur, quelle conquête
mérite ces cris triomphants?
Gloria in excelsis Deo!
Gloria in excelsis Deo!

Strophe 3

Ils annoncent la naissance
du libérateur d'Israël;
et pleins de reconnaissance
chantent en ce jour solennel.
Gloria in excelsis Deo!
Gloria in excelsis Deo!

ONLINE-HÖRBEISPIELE: www.gitarre-fuer-kinder.de

Spielstück

75

Stille Nacht

Garantiert Gitarre lernen für Kinder
Melodie: Band 2, Seite 68: Die punktierte Viertelnote | Akkorde: Band 2, Seite 65: Der E-Dur-Akkord

Musik: Franz Xaver Gruber (1787–1863)
Text: Joseph Mohr (1792–1848) nach einem lateinischen Gedicht

Stil - le Nacht, hei - li - ge Nacht, al - les schläft,

ein - sam wacht nur das trau - te hoch - hei - li - ge Paar,

hol - der Kna - be im lo - cki-gen Haar, schlaf in himm - li-scher

Ruh,_____ schlaf__ in himm - li-scher Ruh._____

Strophe 1

A
Stille Nacht, heilige Nacht,
E   A
alles schläft, einsam wacht
D   A
nur das traute hochheilige Paar,
D   A
holder Knabe im lockigen Haar,
E   A
schlaf in himmlischer Ruh,
A E A
schlaf in himmlischer Ruh.

Strophe 2

A
Stille Nacht, heilige Nacht,
E   A
Gottes Sohn, o wie lacht
D   A
lieb aus deinem göttlichen Mund,
D   A
da uns schlägt die rettende Stund,
E   A
Christ, in deiner Geburt,
A E A
Christ, in deiner Geburt.

Strophe 3

A
Stille Nacht, heilige Nacht,
E   A
Hirten erst kundgemacht,
D   A
durch der Engel Halleluja.
D   A
Tönt es laut von fern und nah:
E   A
Christ, der Retter ist da,
A E A
Christ, der Retter ist da.

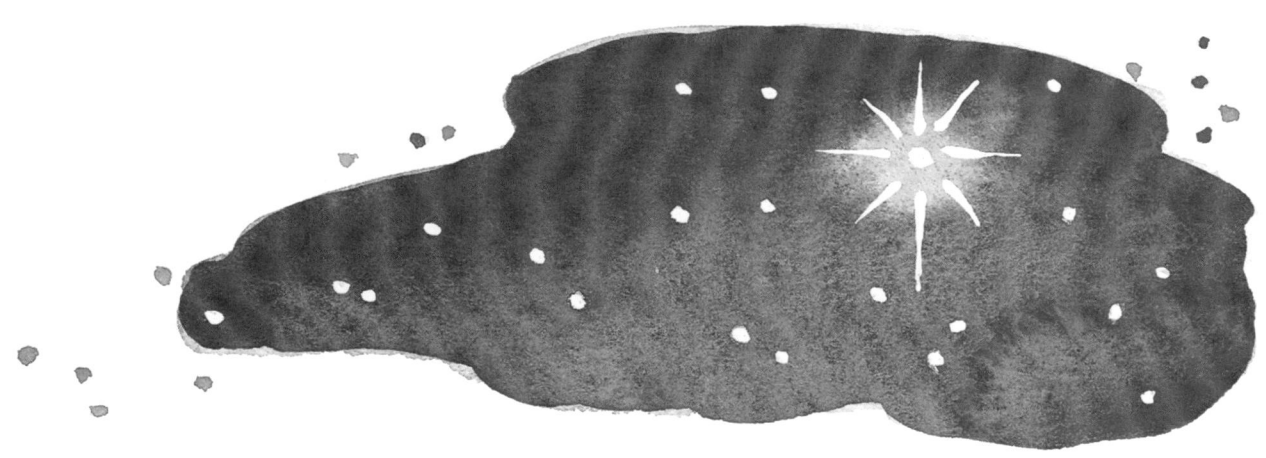

ONLINE-HÖRBEISPIELE: www.gitarre-fuer-kinder.de

Song-Übersicht: Melodiespiel

MELODIESPIEL TITEL	DAS SOLLTEST DU SCHON KENNEN GARANTIERT GITARRE LERNEN FÜR KINDER	TONART	TAKTART	CD	SEITE	VERSION
Müde bin ich, geh zur Ruh	Band 1, S. 48: Halbe Note	G-Dur	4/4	41	72	Melodie und Akkorde
Summ, summ, summ!	Band 1, S. 48: Halbe Note	C-Dur	4/4	3	10	Melodie und Akkorde
Unsre Katz	Band 1, S. 48: Halbe Note	G-Dur	4/4	8	20	Melodie und Akkorde
Schlaf, Kindlein, schlaf!	Band 1, S. 48: Halbe Note	C-Dur	4/4	2	8	Melodie und Akkorde
Ihr Kinderlein kommet	Band 1, S. 48: Halbe Note	G-Dur	4/4	65	108	Weihnachtslied mit Akkorden
Das wilde Tier	Band 1, S. 54: Mittleres „a"	C-Dur	4/4	1	7	Melodie und Akkorde
Morgen kommt der Weihnachtsmann	Band 1, S. 54: Mittleres „a"	G-Dur	4/4	66	110	Weihnachtslied mit Akkorden
Lasst uns froh und munter sein	Band 1, S. 54: Mittleres „a"	G-Dur	4/4	67	112	Weihnachtslied mit Akkorden
Bella Bimba	Band 1, S. 63: Achtelnote	C-Dur	3/4	11	26	Melodie und Akkorde
Boogie in E	Band 1, S. 82: Tiefes „g"	E-Blues	4/4	13	32	Solostück
Walking Bass	Band 1, S. 82: Tiefes „g"	C-Dur	4/4	15	34	Solostück
Bajuschki Baju	Band 1, S. 83: Ganze Note	A-Moll	4/4	12	28	Melodie und Akkorde
Go Tell Aunt Rhody	Band 2, S. 28: Punktierte Halbe	G-Dur	4/4	18	36	Melodie und Akkorde
Au Clair de la Lune	Band 2, S. 28: Punktierte Halbe	C-Dur	4/4	6	16	Melodie und Akkorde
Carry Me Back to Old Virginny	Band 2, S. 28: Punktierte Halbe	C-Dur	4/4	52	94	Melodie und Akkorde
A, a, a, der Winter, der ist da	Band 2, S. 28: Punktierte Halbe	C-Dur	4/4	4	12	Melodie und Akkorde
El Testament d'Amelia	Band 2, S. 28: Punktierte Halbe	A-Moll	3/4	49	88	Melodie und Akkorde
Oh! Susanna (I Come from Alabama)	Band 2, S. 28: Punktierte Halbe	G-Dur	4/4	9	22	Melodie und Akkorde
Jetzt fahrn wir übern See	Band 2, S. 28: Punktierte Halbe	C-Dur	4/4	19	38	Melodie und Akkorde
Ein Hase saß im tiefen Tal	Band 2, S. 28: Punktierte Halbe	C-Dur	4/4	14	32	Melodie und Akkorde
Winter, ade!	Band 2, S. 28: Punktierte Halbe	C-Dur	3/4	5	14	Melodie und Akkorde
Child in the Manger	Band 2, S. 28: Punktierte Halbe	C-Dur	3/4	63	106	Weihnachtslied ohne Akkorde
Heute hau'n wir in die Saiten	Band 2, S. 46: Dauervorzeichen	G-Dur	4/4	42	74	Melodie und Akkorde
Aura Lee	Band 2, S. 46: Dauervorzeichen	D-Dur	4/4	29	54	Melodie und Akkorde
Rock in A	Band 2, S. 46: Dauervorzeichen	A-Dur	4/4	30	56	Melodie und Akkorde
Go Down Moses	Band 2, S. 46: Dauervorzeichen	E-Moll	4/4	47	84	Melodie und Akkorde
Oh heppo di taja he	Band 2, S. 46: Dauervorzeichen	G-Dur	4/4	24	48	Melodie und Akkorde
Banks of the Ohio	Band 2, S. 46: Dauervorzeichen	D-Dur	4/4	28	52	Melodie und Akkorde
Auf einem Baum ein Kuckuck	Band 2, S. 46: Dauervorzeichen	G-Dur	4/4	23	46	Melodie und Akkorde
Hopp, hopp, hopp	Band 2, S. 46: Dauervorzeichen	G-Dur	2/4	26	50	Melodie und Akkorde
Grandfather´s Clock	Band 2, S. 46: Dauervorzeichen	G-Dur	4/4	31	57	Melodie und Akkorde
Der Hahn ist tot	Band 2, S. 46: Dauervorzeichen	G-Dur	4/4	22	45	Melodie und Akkorde
Schön ist ein Zylinderhut	Band 2, S. 46: Dauervorzeichen	G-Dur	4/4	35	62	Melodie und Akkorde
Shalom chaverim	Band 2, S. 46: Dauervorzeichen	E-Moll	4/4	21	44	Melodie und Akkorde
My Bonnie Is Over the Ocean	Band 2, S. 46: Dauervorzeichen	A-Dur	3/4	48	86	Melodie und Akkorde
We Wish You A Merry Christmas	Band 2, S. 46: Dauervorzeichen	G-Dur	3/4	64	107	Weihnachtslied ohne Akkorde
Schneeflöckchen, Weißröckchen	Band 2, S. 46: Dauervorzeichen	G-Dur	3/4	71	118	Weihnachtslied mit Akkorden
Jingle Bells	Band 2, S. 46: Dauervorzeichen	G-Dur	4/4	73	120	Weihnachtslied mit Akkorden
O Tannenbaum	Band 2, S. 46: Dauervorzeichen	D-Dur	3/4	68	114	Weihnachtslied mit Akkorden
Am Weihnachtsbaume	Band 2, S. 46: Dauervorzeichen	D-Dur	3/4	72	119	Weihnachtslied mit Akkorden
Go, Tell it on the Mountain	Band 2, S. 46: Dauervorzeichen	D-Dur	4/4	70	116	Weihnachtslied mit Akkorden
Bassmelodie	Band 2, S. 46: Dauervorzeichen	E-Moll	4/4	17	35	Solostück
Grün, grün, grün sind alle meine Kleider	Band 2, S. 60: 2/4-Takt	G-Dur	2/4	43	76	Melodie und Akkorde
Es regnet, wenn es regnen will	Band 2, S. 60: 2/4-Takt	G-Dur	2/4	27	51	Melodie und Akkorde
Ein Elefant ging ohne Hetz	Band 2, S. 68: Punktierte Viertel	G-Dur	4/4	25	49	Melodie und Akkorde
Alle Vögel sind schon da	Band 2, S. 68: Punktierte Viertel	A-Dur	4/4	33	59	Melodie und Akkorde
Das klinget so herrlich	Band 2, S. 68: Punktierte Viertel	A-Dur	4/4	34	60	Melodie und Akkorde
Nobody Knows	Band 2, S. 68: Punktierte Viertel	C-Dur	4/4	50	90	Melodie und Akkorde
John Brown's Body	Band 2, S. 68: Punktierte Viertel	G-Dur	4/4	45	80	Melodie und Akkorde
Himmel und Erde	Band 2, S. 68: Punktierte Viertel	G-Dur	3/4	32	58	Melodie und Akkorde
Swing Low, Sweet Chariot	Band 2, S. 68: Punktierte Viertel	G-Dur	4/4	10	24	Melodie und Akkorde
Brown Girl in the Ring	Band 2, S. 68: Punktierte Viertel	C-Dur	4/4	20	40	Melodie und Akkorde
Down in the Valley	Band 2, S. 68: Punktierte Viertel	C-Dur	3/4	7	18	Melodie und Akkorde
Swanee River	Band 2, S. 68: Punktierte Viertel	A-Dur	4/4	44	78	Melodie und Akkorde
Angels We Have Heard On High	Band 2, S. 68: Punktierte Viertel	G-Dur	4/4	74	122	Weihnachtslied mit Akkorden
Alle Jahre wieder	Band 2, S. 68: Punktierte Viertel	D-Dur	4/4	69	115	Weihnachtslied mit Akkorden
Stille Nacht	Band 2, S. 68: Punktierte Viertel	A-Dur	3/4	75	124	Weihnachtslied mit Akkorden
Drink to Me Only (To Celia)	Band 2, S. 71: 6/8-Takt	C-Dur	6/8	51	92	Melodie und Akkorde
The House of the Rising Sun	Band 2, S. 71: 6/8-Takt	A-Moll	6/8	53	96	Melodie und Akkorde
Winde wehn	Band 2, S. 74: b-Vorzeichen	F-Dur	4/4	36	66	Melodie ohne Akkorde
Auf der Straße nach Üsküdar (Kâtibim)	Band 2, S. 74: b-Vorzeichen	D-Moll	2/4	37	67	Melodie ohne Akkorde
Der Mond ist aufgegangen	Band 2, S. 74: b-Vorzeichen	F-Dur	4/4	40	70	Melodie ohne Akkorde
O du fröhliche	Band 2, S. 74: b-Vorzeichen	C-Dur	4/4	61	104	Weihnachtslied ohne Akkorde
Rock-Riff in G	Band 2, S. 80: Auflösungszeichen	G-Dur	4/4	38	68	Melodie und Akkorde
Die Affen rasen durch den Wald	Band 2, S. 80: Auflösungszeichen	A-Dur	4/4	46	82	Melodie und Akkorde
Boogie in G	Band 2, S. 80: Auflösungszeichen	G-Blues	4/4	16	34	Solostück
Gitarrenschul-Blues	Band 2, S. 80: Auflösungszeichen	F-Blues	4/4	39	69	Solostück
Macht hoch die Tür	Neu: 6/4-Takt	F-Dur	6/4	62	105	Weihnachtslied ohne Akkorde

Song-Übersichten

 127

Song-Übersicht: Akkordspiel | Duospiel

AKKORDSPIEL

TITEL	ANZAHL	AKKORDE	RHYTHMUS	ZUPFMUSTER	CD	SEITE
Das wilde Tier	1	Band 1, S. 17: C (einfach)	Band 1, S. 20: Viertelabschlag	–	1	7
Schlaf, Kindlein, schlaf!	2	Band 1, S. 20: G7 (einfach)	Band 2, S. 40: Viertel / 2 Achtel	–	2	8
Summ, summ, summ!	2	Band 1, S. 59: Akkorde über 4 Saiten	Band 1, S. 63: Achtel	Band 2, S. 24: Nr. 4: p i m a	3	10
A, a, a, der Winter, der ist da	2	Band 1, S. 59: Akkorde über 4 Saiten	Band 2, S. 40: Viertel / 2 Achtel	–	4	12
Müde bin ich, geh zur Ruh	4	Band 1, S. 71: Am über 5 Saiten	Band 2, S. 40: Viertel / 2 Achtel	Band 2, S. 20: Nr. 3	41	72
Go Tell Aunt Rhody	3	Band 1, S. 76: C über 5 Saiten	Band 2, S. 40: Viertel / 2 Achtel	Band 2, S. 49: Nr. 6: p a m i	18	36
Oh! Susanna (I Come from Alabama)	3	Band 1, S. 76: C über 5 Saiten	Band 2, S. 40: Viertel / 2 Achtel	Band 2, S. 20: Nr. 3:	9	22
Jetzt fahrn wir übern See	2	Band 1, S. 76: C über 5 Saiten	Band 2, S. 40: Viertel / 2 Achtel	Band 2, S. 24: Nr. 4: p i m a	19	38
Ein Hase saß im tiefen Tal	2	Band 1, S. 76: C über 5 Saiten	Band 1, S. 63: Achtel	Band 2, S. 26: Nr. 5: p i am	14	32
Down in the Valley	2	Band 1, S. 76: C über 5 Saiten	Band 1, S. 63: Achtel	Neu:	7	18
Rock-Riff in G	3	Band 1, S. 76: C über 5 Saiten	Band 2, S. 40: Viertel / 2 Achtel	–	38	68
Bella Bimba	4	Band 2, S. 37: Em (vollständig)	Band 1, S. 63: Achtel	Band 2, S. 20: Nr. 3	11	26
Shalom chaverim	1	Band 2, S. 37: Em (vollständig)	Band 1, S. 63: Achtel	Band 2, S. 49: Nr. 6: p a m i	21	44
Grün, grün, grün sind alle meine Kleider	5	Band 2, S. 37: Em (vollständig)	Band 2, S. 40: Viertel / 2 Achtel	Band 2, S. 26: Nr. 5: p i am	43	76
John Brown's Body	5	Band 2, S. 37: Em (vollständig)	Band 2, S. 40: Viertel / 2 Achtel	Band 2, S. 10: Rrhythmus 2	45	80
Angels We Have Heard On High	5	Band 2, S. 37: Em (vollständig)	Band 1, S. 63: Achtel	Band 2, S. 24: Nr. 4: p i m a	74	122
Unsre Katz	2	Band 2, S. 42: G (vollständig)	Band 1, S. 63: Achtel	Band 2, S. 26: Nr. 5: p i am	8	20
Winter, ade!	2	Band 2, S. 42: G (vollständig)	Band 1, S. 63: Achtel	Band 2, S. 26: Nr. 5: p i am	5	14
Heute hau'n wir in die Saiten	3	Band 2, S. 42: G (vollständig)	Band 2, S. 40: Viertel / 2 Achtel	–	42	74
Oh heppo di taja he	3	Band 2, S. 42: G (vollständig)	Band 2, S. 40: Viertel / 2 Achtel	Band 2, S. 10: Rhythmus 2	24	48
Auf einem Baum ein Kuckuck	2	Band 2, S. 42: G (vollständig)	Band 2, S. 40: Viertel / 2 Achtel	Band 2, S. 20: Nr. 3	23	46
Hopp, hopp, hopp	2	Band 2, S. 42: G (vollständig)	Band 2, S. 40: Viertel / 2 Achtel	Band 2, S. 20: Nr. 3	26	50
Grandfather´s Clock	4	Band 2, S. 42: G (vollständig)	Band 2, S. 40: Viertel / 2 Achtel	Band 2, S. 20: Nr. 3	31	57
Der Hahn ist tot	2	Band 2, S. 42: G (vollständig)	Band 2, S. 40: Viertel / 2 Achtel	Band 2, S. 24: Nr. 4: p i m a	22	45
Es regnet, wenn es regnen will	2	Band 2, S. 42: G (vollständig)	Band 2, S. 40: Viertel / 2 Achtel	Band 2, S. 26: Nr. 5: p i am	27	51
Ein Elefant ging ohne Hetz	2	Band 2, S. 42: G (vollständig)	Band 2, S. 40: Viertel / 2 Achtel	–	25	49
Himmel und Erde	2	Band 2, S. 42: G (vollständig)	Band 1, S. 63: Achtel	Band 2, S. 10: Rhythmus 2	32	58
Brown Girl in the Ring	3	Band 2, S. 42: G (vollständig)	Band 1, S. 63: Achtel	Band 2, S. 26: Nr. 5: p i am	20	40
Ihr Kinderlein kommet	3	Band 2, S. 42: G (vollständig)	Band 1, S. 63: Achtel	Band 2, S. 10: Rhythmus 2	65	108
Morgen kommt der Weihnachtsmann	3	Band 2, S. 42: G (vollständig)	Band 1, S. 48: Halbe	Band 2, S. 10: Rhythmus 2	66	110
Lasst uns froh und munter sein	2	Band 2, S. 42: G (vollständig)	Band 2, S. 40: Viertel / 2 Achtel	Band 2, S. 10: Rhythmus 2	67	112
Schneeflöckchen, Weißröckchen	3	Band 2, S. 42: G (vollständig)	Band 1, S. 63: Achtel	Band 1, S. 68: 3/4-Takt	71	118
Au Clair de la Lune	4	Band 2, S. 45: D (vollständig)	Band 2, S. 40: Viertel / 2 Achtel	–	6	16
Swing Low, Sweet Chariot	3	Band 2, S. 45: D (vollständig)	Band 2, S. 40: Viertel / 2 Achtel	Band 2, S. 24: Nr. 4: p i m a	10	24
Aura Lee	3	Band 2, S. 55: A	Band 2, S. 40: Viertel / 2 Achtel	–	29	54
Banks of the Ohio	3	Band 2, S. 55: A	Band 1, S. 63: Achtel	Band 2, S. 10: Rhythmus 2	28	52
Schön ist ein Zylinderhut	4	Band 2, S. 55: A	Band 2, S. 40: Viertel / 2 Achtel	Band 2, S. 26: Nr. 5: p i am	35	62
Jingle Bells	4	Band 2, S. 55: A	Band 2, S. 40: Viertel / 2 Achtel	Band 2, S. 10: Rhythmus 2	73	120
O Tannenbaum	2	Band 2, S. 55: A	Band 1, S. 63: Achtel	Band 2, S. 20: Nr. 3	68	114
Am Weihnachtsbaume	2	Band 2, S. 55: A	Band 1, S. 63: Achtel	Band 2, S. 49: Nr. 6: p a m i	72	119
Go, Tell it on the Mountain	3	Band 2, S. 55: A	Band 2, S. 40: Viertel / 2 Achtel	Neu	70	116
Alle Jahre wieder	3	Band 2, S. 55: A	Neu: Haltebogen	Band 2, S. 49: Nr. 6: p a m i	69	115
Bajuschki Baju	4	Band 2, S. 65: E	Band 1, S. 48: Halbe	Band 2, S. 24: Nr. 4: p i m a	12	28
Rock in A	3	Band 2, S. 65: E	Band 1, S. 63: Achtel	–	30	56
Alle Vögel sind schon da	3	Band 2, S. 65: E	Band 1, S. 63: Achtel	–	33	59
Das klinget so herrlich	3	Band 2, S. 65: E	Band 2, S. 40: Viertel / 2 Achtel	–	34	60
Swanee River	3	Band 2, S. 65: E	Neu: Haltebogen	Neu	44	78
Die Affen rasen durch den Wald	3	Band 2, S. 65: E	Band 2, S. 40: Viertel / 2 Achtel	Neu	46	82
Stille Nacht	3	Band 2, S. 65: E	Band 1, S. 63: Achtel	Band 2, S. 49: Nr. 6: p a m i	75	124
My Bonnie Is Over the Ocean	4	Neu H7	Band 1, S. 63: Achtel	Band 2, S. 49: Nr. 6: p a m i	48	86
Go Down Moses	4	Neu: H7	Band 2, S. 40: Viertel / 2 Achtel	–	47	84
El Testament d'Amelia	5	Neu: Dm7 / E7	Band 1, S. 63: Achtel	Band 2, S. 17: Arpeggio	49	88
Nobody Knows	7	Neu: Dm7 / E7 / A7-Akkord	Band 1, S. 63: Achtel	–	50	90
Carry Me Back to Old Virginny	5	Neu: F	Band 1, S. 63: Achtel	–	52	94
The House of the Rising Sun	5	Neu: F	Band 2, S. 57: Sechzehntel	Band 2, S. 49: Nr. 6: p a m i	53	96
Drink to Me Only (To Celia)	3	Neu: F	Band 2, S. 71: 6/8-Takt	–	51	92

DUOSPIEL

TITEL	1. STIMME	2. STIMME	TONART	TAKTART	CD	SEITE
Nick-nack-paddy-wack (This Old Man)	Band 1, S. 63: Achtel	Band 2, S. 46: Achtel/Dauervorzeichen	G-Dur	4/4	55	99
Sur le pont d'Avignon	Band 2, S. 74: b-Vorzeichen	Band 1, S. 63: Achtel	F-Dur	2/4	56	99
Rockstück	Band 2, S. 28: Haltebogen	Band 1, S. 63 Achtel	E-Blues	4/4	57	100
Kuckuck, Kuckuck, rufts aus dem Wald	Band 2, S. 28: Punktierte Halbe	Band 2, S. 46: Dauervorzeichen	G-Dur	3/4	54	98
El noi de la mare	Band 2, S. 68: Punktierte Viertel	Neu: Zweistimmig	G-Dur	3/4	60	103
Menuett	Band 2, S. 46: Dauervorzeichen	Band 2, S. 46 Dauervorzeichen	G-Dur	3/4	58	101
Thema	Neu: Hohes „a"	Neu: Zweistimmig	A-Dur	3/4	59	102

Alphabetisches Liederverzeichnis

TITEL	TONART	TAKTART	AKKORDANZAHL	CD	SEITE	VERSION
A, a, a, der Winter, der ist da	C-Dur	4/4	2	4	12	Melodie und Akkorde
Alle Jahre wieder	D-Dur	4/4	3	69	115	Weihnachtslied mit Akkorden
Alle Vögel sind schon da	A-Dur	4/4	3	33	59	Melodie und Akkorde
Am Weihnachtsbaume	D-Dur	3/4	2	72	119	Weihnachtslied mit Akkorden
Angels We Have Heard On High	G-Dur	4/4	5	74	122	Weihnachtslied mit Akkorden
Au Clair de la Lune	C-Dur	4/4	4	6	16	Melodie und Akkorde
Auf der Straße nach Üsküdar (Kâtibim)	D-Moll	2/4	–	37	67	Melodie ohne Akkorde
Auf einem Baum ein Kuckuck	G-Dur	4/4	2	23	46	Melodie und Akkorde
Aura Lee	D-Dur	4/4	3	29	54	Melodie und Akkorde
Bajuschki Baju	A-Moll	4/4	4	12	28	Melodie und Akkorde
Banks of the Ohio	D-Dur	4/4	3	28	52	Melodie und Akkorde
Bassmelodie	E-Moll	4/4	–	17	35	Solostück
Bella Bimba	C-Dur	3/4	4	11	26	Melodie und Akkorde
Boogie in E	E-Blues	4/4	–	13	32	Solostück
Boogie in G	G-Blues	4/4	–	16	34	Solostück
Brown Girl in the Ring	C-Dur	4/4	3	20	40	Melodie und Akkorde
Carry Me Back to Old Virginny	C-Dur	4/4	5	52	94	Melodie und Akkorde
Child in the Manger	C-Dur	3/4	–	63	106	Weihnachtslied ohne Akkorde
Das klinget so herrlich	A-Dur	4/4	3	34	60	Melodie und Akkorde
Das wilde Tier	C-Dur	4/4	1	1	7	Melodie und Akkorde
Der Hahn ist tot	G-Dur	4/4	2	22	45	Melodie und Akkorde
Der Mond ist aufgegangen	F-Dur	4/4	–	40	70	Melodie ohne Akkorde
Die Affen rasen durch den Wald	A-Dur	4/4	3	46	82	Melodie und Akkorde
Down in the Valley	C-Dur	3/4	2	7	18	Melodie und Akkorde
Drink to Me Only (To Celia)	C-Dur	6/8	3	51	92	Melodie und Akkorde
Ein Elefant ging ohne Hetz	G-Dur	4/4	2	25	49	Melodie und Akkorde
Ein Hase saß im tiefen Tal	C-Dur	4/4	2	14	32	Melodie und Akkorde
El noi de la mare	G-Dur	3/4	–	60	103	Duostück
El Testament d'Amelia	A-Moll	3/4	5	49	88	Melodie und Akkorde
Es regnet, wenn es regnen will	G-Dur	2/4	2	27	51	Melodie und Akkorde
Gitarrenschul-Blues	F-Blues	4/4	–	39	69	Solostück
Go Down Moses	E-Moll	4/4	4	47	84	Melodie und Akkorde
Go Tell Aunt Rhody	G-Dur	4/4	3	18	36	Melodie und Akkorde
Go, Tell it on the Mountain	D-Dur	4/4	3	70	116	Weihnachtslied mit Akkorden
Grandfather´s Clock	G-Dur	4/4	4	31	57	Melodie und Akkorde
Grün, grün, grün sind alle meine Kleider	G-Dur	2/4	5	43	76	Melodie und Akkorde
Heute hau'n wir in die Saiten	G-Dur	4/4	3	42	74	Melodie und Akkorde
Himmel und Erde	G-Dur	3/4	2	32	58	Melodie und Akkorde
Hopp, hopp, hopp	G-Dur	2/4	2	26	50	Melodie und Akkorde
Ihr Kinderlein kommet	G-Dur	4/4	3	65	108	Weihnachtslied mit Akkorden
Jetzt fahrn wir übern See	C-Dur	4/4	2	19	38	Melodie und Akkorde
Jingle Bells	G-Dur	4/4	4	73	120	Weihnachtslied mit Akkorden
John Brown's Body	G-Dur	4/4	5	45	80	Melodie und Akkorde
Kuckuck, Kuckuck, rufts aus dem Wald	G-Dur	3/4	–	54	98	Duostück
Lasst uns froh und munter sein	G-Dur	4/4	2	67	112	Weihnachtslied mit Akkorden
Macht hoch die Tür	F-Dur	6/4	–	62	105	Weihnachtslied ohne Akkorde
Menuett	G-Dur	3/4	–	58	101	Duostück
Morgen kommt der Weihnachtsmann	G-Dur	4/4	3	66	110	Weihnachtslied mit Akkorden
Müde bin ich, geh zur Ruh	G-Dur	4/4	4	41	72	Melodie und Akkorde
My Bonnie Is Over the Ocean	A-Dur	3/4	4	48	86	Melodie und Akkorde
Nick-nack-paddy-wack (This Old Man)	G-Dur	4/4	–	55	99	Duostück
Nobody Knows	C-Dur	4/4	7	50	90	Melodie und Akkorde
O du fröhliche	C-Dur	4/4	–	61	104	Weihnachtslied ohne Akkorde
O Tannenbaum	D-Dur	3/4	2	68	114	Weihnachtslied mit Akkorden
Oh heppo di taja he	G-Dur	4/4	3	24	48	Melodie und Akkorde
Oh! Susanna (I Come from Alabama)	G-Dur	4/4	3	9	22	Melodie und Akkorde
Rock in A	A-Dur	4/4	3	30	56	Melodie und Akkorde
Rock-Riff in G	G-Dur	4/4	3	38	68	Melodie und Akkorde
Rockstück	E-Blues	4/4	–	57	100	Duostück
Schlaf, Kindlein, schlaf!	C-Dur	4/4	2	2	8	Melodie und Akkorde
Schneeflöckchen, Weißröckchen	G-Dur	3/4	3	71	118	Weihnachtslied mit Akkorden
Schön ist ein Zylinderhut	G-Dur	4/4	4	35	62	Melodie und Akkorde
Shalom chaverim	E-Moll	4/4	1	21	44	Melodie und Akkorde
Stille Nacht	A-Dur	3/4	3	75	124	Weihnachtslied mit Akkorden
Summ, summ, summ!	C-Dur	4/4	2	3	10	Melodie und Akkorde
Sur le pont d'Avignon	F-Dur	2/4	–	56	99	Duostück
Swanee River	A-Dur	4/4	3	44	78	Melodie und Akkorde
Swing Low, Sweet Chariot	G-Dur	4/4	3	10	24	Melodie und Akkorde
The House of the Rising Sun	A-Moll	6/8	5	53	96	Melodie und Akkorde
Thema	A-Dur	3/4	–	59	102	Duostück
Unsre Katz	G-Dur	4/4	2	8	20	Melodie und Akkorde
Walking Bass	C-Dur	4/4	–	15	34	Solostück
We Wish You A Merry Christmas	G-Dur	3/4	–	64	107	Weihnachtslied ohne Akkorde
Winde wehn	F-Dur	4/4	–	36	66	Melodie ohne Akkorde
Winter, ade!	C-Dur	3/4	2	5	14	Melodie und Akkorde